*Hilde Diekmeier*

# Vier Jahrzehnte Landküche

*Bei Freunden und Gästen beliebt*

Forellenhof

1. Auflage
ISBN 978-3-00-029769-4
Printed in Germany 2009
Produktion: Kunst- und Werbedruck Bad Oeynhausen

Hilde Diekmeier - Duxenberg 9
32694 Dörentrup - Schwelentrup
Tel.: 05265 945700 - Fax: 05265 945701
Email: info@forellenhof-lippe.de
www.forellenhof-lippe.de

# *Grußwort*

*Frau Hilde Diekmeier gehörte zu den Pionieren, die vor über 40 Jahren „Urlaub auf dem Bauernhof“ angeboten haben.*
*Neben dem Ambiente und der Gastlichkeit zählte die kulinarische Verpflegung zu den wichtigsten Angeboten, die die Gäste nachfragten.*
*Dass Sie, Frau Diekmeier, eine exzellente Könnerin dieses Metiers waren und sind, kann von unzähligen Gästen bestätigt werden.*
*So erscheint es sehr naheliegend, nicht nur dieses Wissen an zahlreiche Auszubildende weiter zu vermitteln, sondern auch in einem Kochbuch viele hervorragende Rezepte zu „verewigen“.*
*Den Lesern dieses Buches wird nicht verborgen bleiben, dass nicht nur auf eine gesunde, sondern auch immer auf eine jahreszeitlich angepasste Ernährung Wert gelegt wird.*
*In der heutigen Zeit, in der alles allen jederzeit zur Verfügung steht, gerät die traditionelle Küche, die in der Vergangenheit das jeweils zur Verfügung Stehende verarbeitete, mehr und mehr aus dem Fokus. Somit wird in diesem Buch auch eine traditionelle Kochkultur bewahrt.*
*Den hoffentlich zahlreichen Käufern und Lesern dieses Kochbuchs wünsche ich viel Erfolg beim Nachkochen der interessanten Rezepte.*

*Friedrich Ehlert*
Bürgermeister der Gemeinde Dörentrup

# *Vorwort*

*„Wie machst Du es bloß, dass Dir der Stollen immer so gut gelingt?“ oder „Oma, kannst Du mir bitte das Rezept geben?“, „Frau Diekmeier, das schmeckt so gut, Sie sollten ein Buch mit Ihren Rezepten herausgeben.“, Fragen und Aussagen wie diese von meiner Familie oder Gästen und Freunden sind der Auslöser für die Idee, einmal die im Laufe meiner Berufsjahre verwendeten Rezepte zusammenzustellen.*

*Sollte ich ein Kochbuch schreiben? Aber wie kann nun so ein „Kochbuch“ aussehen? Inzwischen gibt es ja Kochbücher für jeden Anlass, jeden Geschmack, jeden Geldbeutel und jede erdenkliche Zielgruppe.*
*Sie halten das Ergebnis meiner Überlegungen in der Hand. In diesem Buch führe ich sie durch vier Jahrzehnte Landküche und gebe Ihnen Einblicke in die Historie des Forellenhofs.*
*Es ist nicht mein Anliegen, ein Lehrbuch über das Kochen zu schreiben, auch wenn ich mich bemüht habe, viele grundlegende Dinge ausführlich zu erklären oder in den Tipps besonders hervorzuheben.*

*Die meisten mir bekannten oder von mir weiterentwickelten Speisen koche ich ohne Rezept. Dazu gehören besonders die Gerichte aus der Gästeküche mit ihren großen Portionen – die Mengen und Zutaten hatte man nach über 45 Berufsjahren im Gefühl. Aber beispielsweise schon die Verkleinerung der Portionen für einen 3-Personen-Haushalt lässt auch mich manchmal über Rezepte nachdenken. Auch interessante Gerichte, die in den 10 Jahren meiner Tätigkeit für die Volkshochschule in der Forellenhof-Küche ausprobiert und für gut befunden wurden, sollten nicht in Vergessenheit geraten.*

*Vielmehr ist es mir wichtig, die vielen ausprobierten traditionellen und auch neueren Rezepte aus meiner Zeit der Gästebewirtung und Tätigkeit als Lehrfrau in der hauswirtschaftlichen Ausbildung zu dokumentieren und für einen breiten Adressatenkreis zugänglich zu machen.*

*Viele jüngere Frauen oder Männer, die ja heute gern und gut kochen, haben Spaß am Experimentieren, können aber vielleicht diese oder jene Grundlage noch gebrauchen. Mit meinem Buch möchte ich Sie zum Ausprobieren animieren, denn ein gutes Mahl wird von guten Gesprächen begleitet.*

*Ich wünsche Ihnen viel Spaß beim Lesen und Nachkochen!*

Hilde Diekmeier

*Ihre Hilde Diekmeier*

# Inhalt

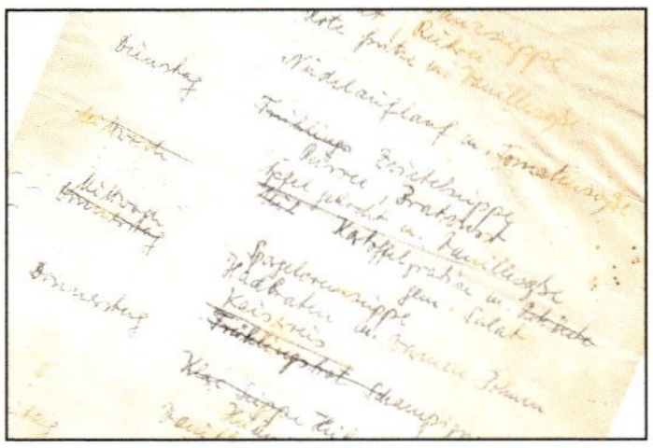

# *Inhalt*

# *Der wöchentliche Küchenzettel*

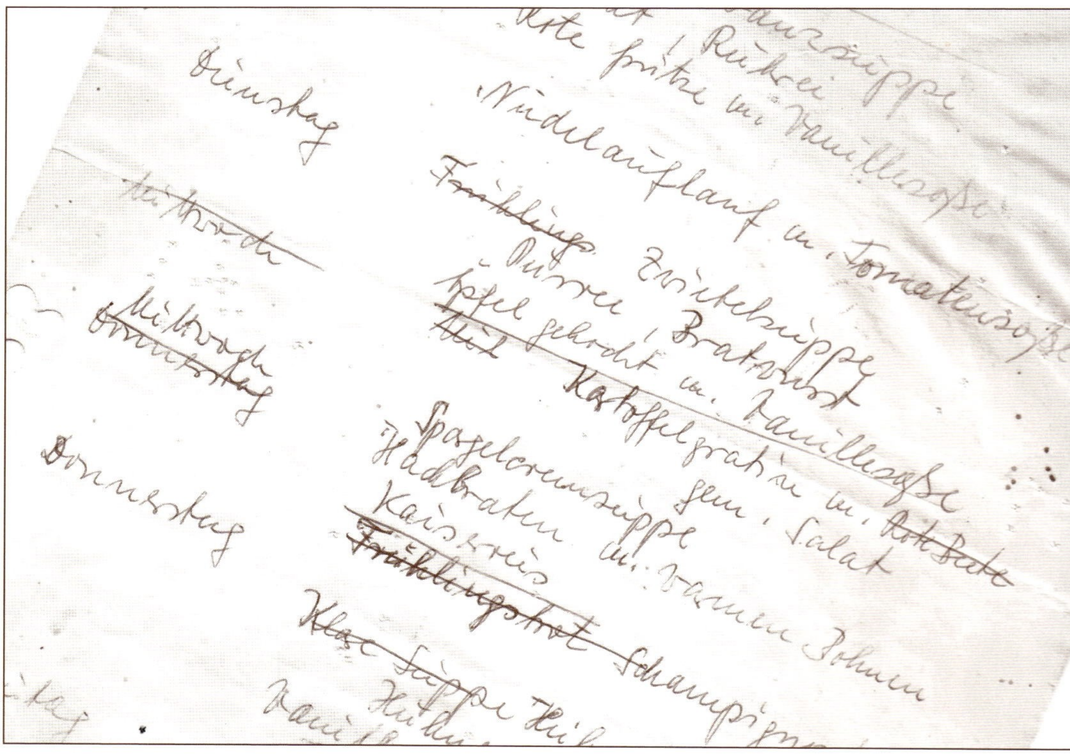


**Original Küchenzettel, Sommer 1964**

Auf den Höfen wurde der wöchentliche Küchenzettel im Wesentlichen durch die Jahreszeit und die Verfügbarkeit von Lebensmitteln bestimmt. Aber auch der Preis der Zutaten und die Zeit der Zubereitung spielten eine große Rolle. Diese Erfahrungen waren die Grundlage für den Küchenzettel nach der Eröffnung unserer Bauernhofpension.

In den 50er- und 60er-Jahren war vor allem eine ausreichende Verpflegung wichtig. Die Gäste kamen zur Sommerfrische und blieben in der Regel zwei bis drei Wochen auf dem Hof. Mein Anspruch war es, einem Gast, der drei Wochen blieb, nie das gleiche Essen zu reichen. Natürlich habe ich möglichst die Produkte der Saison eingebaut und auf gesunde und bekömmliche Speisen geachtet. Auch besonderes und preiswertes Essen sollte sich die Waage halten. Ein Mittagessen wurde grundsätzlich als Menü serviert. Suppe und Nachtisch sollten immer gut mit dem Hauptgang harmonieren. Dies war die Zeit, in der es noch keine üppigen Büfetts gab. Durch das eine Menü pro Tag hatte der Gast die Gelegenheit, auch neue Speisen kennenzulernen, die er in Büfett-Form vielleicht nie gewählt hätte.
Dieser Ansatz ist übrigens wieder sehr aktuell. Ein-Menü-Restaurants bieten ähnlich wie wir vor 40 Jahren pro Mahlzeit nur ein Menü oder sogar nur ein Menü pro Woche an. Es ist der Reiz und die Erwartung des Gastes, eine Küche vorzufinden, die ihn mit einem Menü zufriedenstellt.

Nachfolgend habe ich Ihnen einen bunten Strauß von Speisen aus einem Menüplan zusammengestellt.

# *Wöchentlicher Küchenzettel* *1. Woche*

| | | |
|---|---|---|
| **Montag** | Berliner Eintopf | s. Eintöpfe |
| | Apfelbeignets | s. Kochkurs |
| | abends: Reibekuchen mit Apfelmus | s. abendl. Vorspeisen |
| **Dienstag** | Königinsuppe | s. Festessen |
| | Gefüllter Schweinebraten mit Schwarzwurzeln | s. hier |
| | Fruchtquark-Dessert | s. hier |
| | abends: Champignontorte | s. abendl. Vorspeisen |
| **Mittwoch** | Gulaschsuppe | s. Jagd in Schwelentrup |
| | Kohlrouladen von Wirsing | s. hier |
| | Rumcreme | s. Silvester |
| | abends: Piemonter Tomatentoast | s. abendl. Vorspeisen |
| **Donnerstag** | Klare Ochsenschwanzsuppe | s. Kochkurs |
| | Rinderbrust mit Meerrettichsoße und Bohnen | s. hier |
| | Rote Grütze mit Vanillesoße | s. Silvester |
| | abends: Quarkauflauf | s. abendl. Vorspeisen |
| **Freitag** | Tomatencremesuppe | s. Kochkurs |
| | Forelle blau / Müllerin | |
| | mit gr. Salat u. Salzkartoffeln | s. hier |
| | Quark-Vanillecreme | s. hier |
| | abends: Gemüseomelett nach Großmutterart | s. abendl. Vorspeisen |
| **Samstag** | Spargelcremesuppe | s. Festessen |
| | Ungarisches Gulasch mit Kohlrabigemüse | s. hier |
| | Karamelflammeri | s. hier |
| | abends: Toreros zum Abendessen | s. abendl. Vorspeisen |
| **Sonntag** | Rindssuppe mit Einlage | s. Festessen |
| | Rinderrouladen mit Bohnensalat | s. Festessen |
| | Zitronen-Orangencreme | s. Festessen |
| | abends: Krabbencocktail mit Toast | s. Silvester |

| | | |
|---|---|---|
| **Montag** | Pichelsteiner Eintopf | s. Eintöpfe |
| | Makronen-Sahnecreme | s. Silvester |
| | abends: Lauchkuchen nach Schwyzer Art | s. abendl. Vorspeisen |
| **Dienstag** | Hühnersuppe | s. Jagd in Schwelentrup |
| | Hühnerfrikassee im Reisrand und Buttererbsen | s. hier |
| | Joghurtcreme mit Kirschsoße | s. hier |
| | abends: Kirschmichel | s. abendl. Vorspeisen |
| **Mittwoch** | Brokkolicremesuppe | s. Kochkurs |
| | Kasseler mit Sauerkraut, Kartoffelpürree | s. hier |
| | Birne „Helene“ | s. hier |
| | abends: Arme Ritter mit Weinschaumsoße | s. abendl. Vorspeisen |
| **Donnerstag** | Zwiebelsuppe | s. Kochkurs |
| | Schnitzel mit frischen Pilzen, Kartoffelgratin | s. hier |
| | Vanilleflammeri | s. hier |
| | abends: Gratinierter Spinat | s. Aufläufe |
| **Freitag** | Tomatencremesuppe | s. Kochkurs |
| | Pikantes Fischragout, | s. hier |
| | Gurkensalat | s. Grillabend |
| | Welfencreme | s. Festessen |
| | abends: Kartoffelklöße mit Dreifrucht | s. abendl. Vorspeisen |
| **Samstag** | Blumenkohlcremesuppe | s. Kochkurs |
| | Königsberger Klopse mit Blumenkohl | s. hier |
| | Obstsalat mit Mascarponecreme | s. hier |
| | abends: Lippischer Pickert | s. abendl. Vorspeisen |
| **Sonntag** | Klare Rindssuppe mit Einlage | s. Festessen |
| | Wildragout mit Rotkohl | s. Jagdessen |
| | Mousse au Chocolat | s. Festessen |
| | abends: Salat mit Bismarckhering | s. Silvester |

# *Forelle „blau“*

**Zutaten:**
2 Forellen (à 300 g)

1/8 l Essig
1/8 l Essig
1/4 l Wasser
Salz
1 Lorbeerblatt
6 Pfefferkörner
4 Nelken

Zitronenscheiben,
Petersilie

**Zubereitung:**

Die Forelle vorsichtig von innen säubern, waschen, abtupfen, nur innen salzen und auf eine Platte legen. Den Essig erhitzen und die Forellen damit übergießen, ca. 5 – 10 Min. stehen lassen, bis sie sich blau gefärbt haben. Essig, Wasser und Gewürze ankochen. Die Forellen hineingeben und in 15 – 20 Min. gar ziehen lassen, nicht kochen.
Die Forellen vorsichtig herausnehmen und auf einer vorgewärmten Platte anrichten und mit Zitronenscheiben und Petersilie garnieren.

Als Beilage Salzkartoffeln, Kopfsalat und Meerrettichsahne reichen.

**Mein Tipp:**

Die Forelle ist gar, wenn sich die Rückenflosse leicht herausziehen lässt und die Augen wie weiße Perlen herausquellen.

Die Forelle sollte beim Säubern und Salzen nur sehr vorsichtig angefasst werden, da sie sonst nicht gleichmäßig blau wird.

# *Forelle „Müllerin“*

**Zubereitung:**

Die Forelle ausnehmen, waschen, abtupfen und von innen und außen salzen. Die geöffnete Bauchseite an Kopf- und Schwanzende beidseitig je 1 cm einschneiden, damit die Forelle zum Braten aufrecht in die Pfanne gesetzt werden kann.
Die Forelle in Mehl, Eiermilch und dann wieder in Mehl wälzen. In heißer Butter goldbraun braten. Die Forelle soll aufrecht in der Pfanne sitzen und auch auf beiden Seiten goldbraun gebraten werden.

Mit Zitronenscheibe und Salat garnieren und zu kleinen Salzkartoffeln mit zerlassener Butter servieren.

**Zutaten:**
2 Forellen (à 300 g)

Salz
Butter
Mehl

Zitrone, Salat

Eiermilch:
1 Ei
3 EL Milch

# *Pikantes Fischragout*

**Zutaten:**
500 g Fischfilet
Essig, Salz
2 Lorbeerpilze zur Verfeinerung
Eigelb
Sahne
2 Nelkenblüten
2 Pfefferkörner
Zitrone
Wein

**Mehlschwitze:**
80 g Margarine
80 g Mehl
1 l Fischbrühe

**Zubereitung:**

Fischfilet in Würfel schneiden, säuern, salzen und in gewürztem Wasser in knapp 10 Min. gar ziehen lassen (nicht sprudelnd kochen!).
Die Fischstücke mit einer Schaumkelle herausnehmen. Eine Mehlschwitze mit der Fischbrühe zu einer dicken Soße kochen. Champignons zufügen, mit Wein und Zitrone abschmecken, mit Eigelb und Sahne legieren. Soße über den Fisch geben.

# *Feines Hühnerfrikassee*

**Zubereitung:**

*für 6–8 Personen*

**Zutaten:**
1 Suppenhuhn
2 l Wasser
etwas Salz
Petersilie
1 Möhre
80 g Butter
oder Margarine
80 g Weizenmehl
Gare Spargelstückchen
gare Champignons
etwas Zitronensaft
Weißwein
1–2 Eigelb
2 EL kaltes Wasser
zum verquirlen

Das Huhn ausnehmen, waschen und austrocknen. In das kochende, gesalzene Wasser geben, wieder zum Kochen bringen und weich kochen. Die Petersilie und die Möhre nach der halben Garzeit hinzugeben. Wenn das Huhn weich ist, 1 l Brühe abmessen und sie zu einer hellen Grundsoße verwenden. Dazu das Fett zerlassen und das Mehl unterrühren. Solange darin erhitzen, bis es hellgelb ist. Damit keine Klumpen entstehen, die Brühe nach und nach hinzu gießen, und mit einem Schneebesen durchschlagen. Die Soße zum Kochen bringen, 10 Min. durchziehen lassen und die anderen Einlagen ebenfalls hinzu geben. Dann die Soße mit Salz und Zitronensaft abschmecken und mit dem verquirlten Eigelb abziehen. Die Soße über das zerlegte Huhn geben. Das Frikassee in einer Schüssel oder auch in einem Reisrand anrichten.

**Reisrand:**
2 l Wasser
20 g Butter
etwas Salz
1 Zwiebel
250 g Reis
etwas Butter
Gewürze nach Belieben
Petersilie

Das gesalzene Wasser und die Butter mit der in Würfel geschnittenen Zwiebel auf Stufe 3 zum Kochen bringen, den gewaschenen Reis hinein geben, den Topf verschließen und die Flüssigkeit wieder zum Kochen bringen. Den Reis auf Stufe 1 oder 2 ausquellen lassen (es muss ständig etwas Dampf aus dem Topf entweichen). Man darf Reis nicht mit kaltem Wasser übergießen. Den Reis anschließend in Butter erhitzen und würzen. Kochzeit: 12–15 Min.

Den fertigen Reis in eine mit Wasser ausgespülte Ringform geben und ihn etwa 15 Min. in den Backofen oder in leicht kochendes Wasser setzen. Den Reis danach auf eine heiße runde Platte stürzen und die Mitte mit Hühnerfrikassee füllen. Mit Petersilie bestreuen.

# Gefüllter Schweinebraten

**Zutaten:**
1,5 kg Schweinerippe
oder Schweinenacken
(ausgelöst)
5 große, mürbe Äpfel
100 g Rosinen
6 Backpflaumen
200 ml Apfelwein
oder Apfelsaft
Salz, Pfeffer
75 g Bratfett
½ l Wasser
½ EL Kartoffelmehl
½ EL Mehl
½ TL getrocknete
Majoranblätter

**Zubereitung:**

Das Fleisch waschen, abtrocken und in die Längsseite eine Tasche schneiden. Das Fleisch mit Salz und Pfeffer einreiben.
Für die Füllung die in Apfelwein eingeweichten Backpflaumen, die Apfelschnitze und Rosinen in die Fleischtasche geben und zustecken.
Bei den Rippen: die Füllung auf das Fleischstück geben, zu einer Rolle wickeln und zubinden.
In zerlassenem Fett brät man das Fleisch nun auf allen Seiten an. Mit Wasser angießen und 1 ½ Std. lang bei mittlerer Hitze im Backofen schmoren lassen. Den Bratensaft etwas entfetten, mit verrührtem Stärkemehl leicht binden und mit Salz, Pfeffer und Majoran abschmecken.

# *Jäger- und Zigeunerschnitzel*

**Zubereitung:**

Die Schnitzel von beiden Seiten mit Salz und Pfeffer würzen und mit Zitrone beträufeln.
Das Ei mit etwas Milch verquirlen, die Schnitzel darin drehen und in Paniermehl wälzen.
In heißem Fett von beiden Seiten braten.

Zigeunersoße: Alle Zutaten in einen Topf geben, aufkochen lassen und mit Kartoffelmehl andicken. Die Erbsen später untermengen.

Jägersoße: Die Pilze im Pilzwasser heiß machen, mit Kartoffelmehl andicken und mit Salz und Pfeffer abschmecken.

Mit Petersilie überstreuen.

**Zutaten:**
4 Schnitzel
Paniermehl
1 Ei
etwas Milch
Salz, Pfeffer
Zitrone

**Zigeunersoße:**
5 EL Hamker-Zigeunersoße
geschnittene rote Paprika
3 EL geschnittene Champignons
Gehackte Petersilie
4 EL Erbsen
Pfeffer, Salz und Ketchup zum Abschmecken
Kartoffelmehl zum Andicken

**Jägersoße:**
5 EL heile Pilze
Pilzwasser
Salz, Pfeffer
Kartoffelmehl

# *Kohlrouladen mit Fleischfüllung*

**Zutaten:**
1 1/2 – 2 kg Weißkohl
oder Wirsing
500 g Hackfleisch
1 Brötchen oder
Paniermehl
1 Ei
1 gehackte Zwiebel
Salz, Paprika
30 – 50 g Fett
1/8 l Wasser

Soße:
1/4 l Bratensud
1 TL Mehl
1 TL Kartoffelmehl

**Zubereitung:**

Den Weißkohl putzen und den Strunk trichterförmig herausschneiden, in reichlich kochendem Salzwasser ca. 10 Min. kochen lassen, damit sich die Blätter besser lösen und wickeln lassen. Die dicken Rippen flach schneiden. Brötchen einweichen. Einen gut gemischten Hackteig bereiten, auf den Blättern verteilen, sodass der Teig gut eingehüllt ist. Fest zusammenrollen und fixieren.
Rouladen in heißem Fett anbraten, mit der Flüssigkeit auffüllen und gar schmoren.
Mehl und Kartoffelmehl mit kaltem Wasser anrühren, Bratensud damit andicken.

# *Königsberger Klopse*

**Zubereitung:**

Brötchen oder Weißbrot einweichen, gut ausdrücken und zu dem Hackfleisch geben. Die klein geschnittene Zwiebel, das Ei , TL Kapern (klein geschnitten), Salz und Pfeffer dazugeben und gut vermengen. Den Fleischteig zu gleichmäßig großen Klopsen formen, in Salzwasser legen und 15 – 20 Min. ziehen lassen. Die Klopse sind gar, wenn sie schwimmen. Helle Grundtunke herstellen, die gehackten Kapern hinzugeben, mit Eigelb abziehen, mit Salz und Pfeffer abschmecken und über die Klopse geben.

**Zutaten:**
500 g Hackfleisch (halb Rind, halb Schwein)
1 alte Brötchen
1 Ei
1 Zwiebel
Salz, Pfeffer,
1 TL Kapern

½ l Grundtunke:
40 g Fett
40 g Mehl
½ l Brühe
1 Eigelb
1 TL Kapern

**Mein Tipp:**

Der rohe Fleischteig lässt sich besser formen, wenn die Hände in heißes Wasser getaucht werden.

# *Ungarisches Gulasch*

**Zutaten:**
500 – 750 g Rindfleisch
500 g Zwiebeln
60 g Fett
1 – 2 TL Paprika
1 – 2 EL Weinbrand
Salz, Pfeffer
Etwas Flüssigkeit

Nach Belieben:
2 Tomaten oder
1 TL Tomatenmark
1 Paprikaschote
1 EL Mehl oder eine
rohe geriebene Kartoffel
½ Tasse Sauerrahm

**Zubereitung:**

Das Fleisch waschen, abtropfen und in Würfel schneiden. Das Fett erhitzen und das Fleisch darin von allen Seiten bräunen.
Die geschnittenen Zwiebeln und Paprika zugeben und kurz mit anbraten. Mit dem Weinbrand ablöschen, mit etwas Flüssigkeit auffüllen und schmoren. Mit Salz, Pfeffer und Paprika würzen. Nach Belieben gehäutete Tomaten oder Tomatenmark beifügen. Gulasch unter mehrmaligem Umrühren gar schmoren. Nach Belieben eine geriebene Kartoffel zugeben oder am Schluss mit 1 EL Mehl binden. Mit Rahm abschmecken.
Garzeit: 1 ½ – 2 Stunden

**Mein Tipp:**

Falls das Fleisch zu viel Saft zieht, abgießen und später zum Schmoren wieder angießen, oder bei einer größeren Menge in 2 Portionen anbraten, damit das Fleisch ringsherum gut gebräunt wird.

Rindfleisch wird eher weich, wenn man nach dem Bräunen 1 EL Rum oder Weinbrand zufügt.

# *Rinderbrust mit Meerrettichsoße und grünen Bohnen*

**Zubereitung:**

Die Rinderbrust waschen und ins kochende Wasser geben. 120 Min. leicht sieden lassen, bis sie gar ist.

Für die Meerrettichsoße aus den Zutaten eine helle Grundsoße zubereiten. Den Meerrettich erst ganz zum Schluss zugeben, er darf nicht mehr kochen, sonst gerinnt die Soße.

Beilagen: In Fett und Zwiebeln gedünstete Bohnen, Salzkartoffeln.

**Zutaten:**
500 g Rinderbrust
2 l Wasser
Salz
1 Nelkenblüten
2 Pfefferkörner
1 Zwiebeln

**Meerrettichsoße:**
30 g Fett
40 g Mehl
½ l Brühe
2 EL geriebenen Meerrettich
Salz

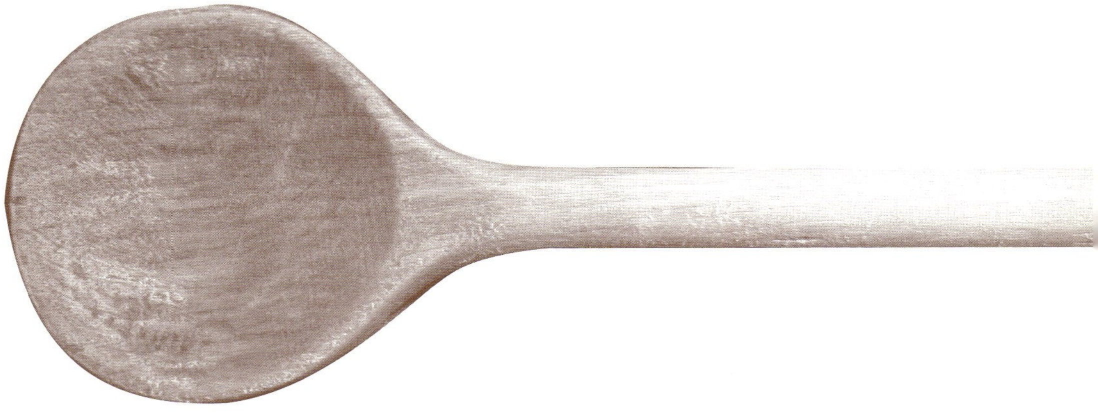

# *Blumenkohl mit holländischer Soße*

**Zutaten:**
1 Blumenkohl
Salzwasser

Soße:
20 – 40 g Fett
40 g Mehl
½ l Milch (evtl. etwas Gemüsebrühe)
Salz, Muskat
1 Eigelb zum Legieren

**Zubereitung:**

Den Blumenkohl in heißes Salzwasser legen und 15 Min. gar kochen.
Das Fett zerlassen und das Mehl unterrühren.
Zuerst mit kalter Milch aufgießen und glatt rühren. Dann erst mit heißer Milch weiterrühren, bis keine Klumpen mehr da sind.
Die Soße mit einem Eigelb legieren und mit Salz und Muskat abschmecken.

**Mein Tipp:**

Blumenkohl mit gebräunter Butter schmeckt ebenfalls sehr lecker und geht konkurrenzlos schnell herzustellen.
Dazu 4 EL Butter oder Margarine, 2 EL Paniermehl und etwas Salz in einem kleinen Topf erhitzen, bis die Butter leicht gebräunt ist. Sehr heiß über den angerichteten Blumenkohlkopf geben und servieren.

# *Birne „Helene“*

**Zubereitung:**

Die Birnenhälften mit Zimt und Zucker in etwas Wasser gar dünsten und abkühlen lassen. Milch, Eier, Zucker, Salz und Vanillepulver in einem hohen Topf verrühren und abschlagen, bis die Masse dickflüssig und schaumig wird. Den Topf sofort von der Kochstelle nehmen. Unter mehrmaligem Durchschlagen abkühlen lassen, in Glasteller füllen und die abgekühlten Birnenhälften auf die Creme legen.

Die Schokolade und Sahne langsam im Wasserbad auflösen und vorsichtig über die Birnenhälften ziehen. Evtl. mit geschlagener Sahne verzieren.

**Zutaten:**

5 Birnenhälften
1 Zimtstange
Etwas Zucker

¼ l Milch
2 Eier
10 g Vanillepulver
20 g Zucker
1 Pr. Salz

50 – 75 g Vollmilchschokolade
2 EL Sahne

**Mein Tipp:**

Statt der aufgelösten Schokolade kann eine gekochte Schokoladentunke gereicht werden. Für einen herberen Geschmack nimmt man besser Bitterschokolade.

# *Vanilleflammeri*

**Zutaten:**
½ Vanilleschote oder
1 Vanillezucker
½ l Milch
2 EL Zucker
1 Pr. Salz
40 g Speisestärke
1 Eigelb
1 Eiweiß

**Zubereitung:**

Die Vanilleschote längs halbieren und das Mark herausschaben. Die Milch – etwas zum Anrühren der Speisestärke zurücklassen – mit Zucker, Salz, Vanillemark und -schote ankochen. Vanilleschote herausnehmen. Speisestärke mit Milch und Eigelb verquirlen, einrühren und fertig garen. Eiweiß steif schlagen und locker unterheben. Mit geschlossenem Deckel kurz durchgaren lassen. Den Flammeri in eine große oder mehrere Portionsschüsseln füllen und erkalten lassen.

Mit Fruchtsaft, Kompott oder Schokoladensoße servieren.

**Mein Tipp:**

Vanilleflammeri schmeckt zu fast allen Früchten sehr gut. Als Variante gezuckerte rohe oder gedünstete Früchte in eine Glasschale legen und den Flammeri vorsichtig darüber füllen.

# *Karamellflammeri*

**Zubereitung:**

Zucker in einen breiten Topf geben und auf der Platte unter langsamem Rühren bräunen. Wasser vorsichtig hinzugießen und danach die heiße Milch – etwas zum Anrühren zurücklassen – Zucker und Vanillinzucker hineingeben und alles nochmals durchkochen. Stärkemehl und Eigelb mit der zurückgelassenen kalten Milch verquirlen und langsam unter Rühren in die Flüssigkeit gießen. Dabei den Topf von der Platte nehmen. Dann ohne Strom auf der Platte noch ½ Min. kochen lassen und zur Seite ziehen. Eischnee zu steifem Schnee schlagen und unter die Masse ziehen.
Etwas abkühlen lassen und den Flammeri in eine Glasschale füllen oder in kalt ausgespülte Förmchen (Sterne, Fische, usw.), die nach dem Erkalten gestürzt werden.

**Zutaten:**
100 g Zucker
4 EL kochendes Wasser
½ l Milch
40 g Zucker
1 Vanillinzucker
40 – 50 g Stärkemehl
1 Ei

# *Quark-Vanillecreme*

**Zutaten:**
50 g Speisestärke
½ l Milch
2 Pck. Vanillinzucker
2 EL Zucker
2 Eier
250 g Sahnequark
2 Orangen

**Zubereitung:**

Speisestärke mit 5 EL Milch in einer Tasse glatt rühren, die übrige Milch in einem Topf mit Zucker und Vanillinzucker aufkochen. Angerührte Speisestärke unter Rühren dazugeben und einmal aufkochen lassen. Von der Creme 2 EL abnehmen und in einer Tasse mit dem Eigelb verquirlen; wieder in die Creme rühren. Eiweiß in einer Schüssel steif schlagen, unter die heiße Creme heben und etwas abkühlen lassen. Inzwischen Sahnequark mit dem Saft einer Orange in einer Schüssel verrühren, esslöffelweise die Vanillecreme einrühren.
In Gläser füllen und 60 Min. kalt stellen.
Mit Orangenstücken garnieren.

# *Obstsalat mit Mascarponecreme*

**Zubereitung:**

Obst nach Lust und Laune auswählen und klein schneiden und mischen.

Für die Sauce: Mascarpone, Joghurt und steif geschlagene Sahne und Vanillemark sowie Honig nach Geschmack zufügen, dann alles mit Mixer aufschlagen – fertig !!!
Sauce extra zum Obstsalat servieren – schmeckt köstlich und macht süchtig.

**Zutaten:**
250 g Mascarpone
500 g Joghurt
150 g Sahne
1 Vanilleschote(n)
Obst für den Salat nach Lust und Laune
Honig,
nach Geschmack

# *Joghurtcreme mit Kirschsoße*

**Zubereitung:**

Eigelb verquirlen, nach und nach Zucker einrühren und schaumig schlagen. Milch vorsichtig unterziehen. Gelatine einweichen, ausdrücken und in heißem Wasser auflösen lassen. Leicht erkaltet in die Creme einrühren, 5 Min. im Kühlschrank etwas erstarren lassen. Joghurt unterheben. Eiweiß zu steifem Schnee schlagen, unterheben. Creme in Gläser füllen und im Kühlschrank 60 Min. erkalten lassen.
Kirschen im Mixer fein pürieren. Zucker, Zitronensaft und Kirschwasser zugeben und solange mixen, bis der Zucker sich aufgelöst hat. Creme und Soße getrennt servieren.

**Zutaten:**
2 Eier
80 g Zucker
1/8 l Milch
6 Blatt Gelatine
4 EL heißes Wasser
2 Becher Joghurt

Kirschsoße:
350 g Kirschen
40 g Zucker
Saft einer 1/2 Zitrone
1 Glas Kirschwasser

# *Fruchtquark-Dessert*

**Zutaten:**
250 g Magerquark
2–3 EL Kirschkonfitüre
1 EL Kirschwasser nach Belieben
(oder 4–5 EL Preiselbeerkompott, 1 EL Rum nach Belieben)
1 Dose Dosenmilch
1 EL Zucker
1 EL Zitronensaft
Ungeschälte, geraspelte Mandeln

**Zubereitung:**

Quark mit Kirschkonfitüre und Kirschwasser oder Preiselbeeren und Rum kräftig verrühren. Gut gekühlte Dosenmilch – wie Sahne – steif schlagen, dann Zucker und zuletzt Zitronensaft unterrühren. Die steif geschlagene Dosenmilch unter die Quarkmasse heben und nach Belieben mit geraspelten Mandeln bestreuen und servieren.
Dosenmilch vor dem Steifschlagen entweder ca. 1 Std. im Eiswürfelfach des Kühlschrankes oder entsprechend länger im Kühlschrank vorkühlen.

Lippischer Pickert

Bei uns auf dem Hof war es üblich, vor dem Abendessen oder Abendbrot eine warme oder kalte Vorspeise zu servieren.
Die Art der Speise war unterschiedlich, entweder handelte es sich um eine süße oder aber um eine herzhafte Vorspeise.
Dies mag vielleicht etwas irritierend klingen, da eine Mahlzeit oft mit süßen Speisen beendet wird, ist aber wiederum aus dem Arbeitsablauf eines landwirtschaftlichen Betriebes erwachsen.
Die süße Vorspeise ist eigentlich ein verspätetes Kaffeetrinken, das aufgrund der Arbeit auf dem Hof an bestimmten Tagen nicht stattfand. So freuten sich alle vor dem Abendbrot auf eine oft warme Süßspeise. Der herzhafte Teil der Vorspeisen war immer warm und die Belohnung für einen harten Arbeitstag, da gekochte Speisen ein höheres Ansehen hatten als die Brotmahlzeiten.
Diese Tradition habe ich beibehalten und musste feststellen, dass unsere Gäste dieses kleine Bonbon des Abendbrotes geradezu geliebt haben.
Besonders der „Lippische Pickert", der die Eigenschaften von süß, herzhaft, warm und sättigend geradezu perfekt vereint, war immer eine sehr beliebte Vorspeise am Abend.

Die Zeiten haben sich geändert und damit auch der Kalorienbedarf und die Verzehrgewohnheiten der Menschen.
So wird in vielen Privathaushalten zum Beispiel die warme herzhafte Vorspeise als ein Hauptmenü der Familie zur abendlichen Zeit serviert. Auf dem Bauernhof wären Makkaroni mit Tomatensoße nie ein Hauptessen gewesen. Die Privatfamilie, in der vielleicht beide Elternteile tagsüber arbeiten, gestaltet hieraus ein wenig modernisiert mit verschiedenen frischen Salaten eine vollwertige Mahlzeit.

Die warmen Süßspeisen sind oft ein Gaumenschmaus, die in der heutigen Küche ein bisschen in Vergessenheit geraten sind. Nehmen Sie sich die Zeit, ein paar der nachfolgend aufgeführten Gerichte mit Blick auf den Begriff – warme abendliche Vorspeise – herzustellen.

# *Lippischer Pickert*

**Zutaten:**
40 g Hefe
500 g Mehl
500 g Kartoffeln
¼ l kochende Milch
1 EL Zucker
5 Eier
1 TL Salz
150 g Rosinen
Öl zum Ausbacken

**Zubereitung:**

Man mischt die Hefe mit etwas lauwarmer Milch, Mehl und Zucker an und lässt sie aufgehen. Die rohen Kartoffeln werden fein gerieben, ausgedrückt und mit der kochenden Milch übergossen und verrührt. Dann gibt man Mehl, Eier, die übrigen Zutaten und den Hefeansatz dazu, rührt gut durch und lässt den Teig etwa 1 Std. aufgehen. In der Pfanne werden kleine oder große runde Kuchen in möglichst wenig Fett langsam, und zwar zugedeckt, gebacken. Sie werden warm gegessen – mit Butter, auch mit Lippischer Leberwurst, Pflaumenmus oder Rübenkraut bestrichen. Dazu trinkt man Kaffee.

**Mein Tipp:**

Ich bin zwar eine „echte“ Lipperin, esse den Pickert aber am liebsten nur mit Butter oder Mehrfruchtmarmelade aus eigener Herstellung.

Pickert lässt sich auch sehr gut auf Vorrat backen und einfrieren. Kurz in der Mikrowelle erhitzt, schmeckt er auch lecker.

# „Arme Ritter“ mit Weinschaumsoße

**Zutaten:**
6 Scheiben Weißbrot
¼ l Milch
1 Ei
1 EL Zucker
Salz
1 TL Zitronensaft
Paniermehl

**Zubereitung:**

Weißbrot in 1 cm dicke Scheiben schneiden. Milch, Ei, Zucker, Salz und Zitronensaft verquirlen, die Brotscheiben darin eintauchen und vollsaugen lassen. Scheiben in Paniermehl wenden und in heißem Fett backen.

**Mein Tipp:**

Dazu Weinschaumsoße reichen. Die aufwendige Soße wertet das einfache Rezept, das früher zur „Resteverwertung“ diente, auf.
Die Weinschaumsoße nach Rezept unter Scheiterhaufen zubereiten.

# Schaumomelett

**Zutaten:**
3 Eigelb
3 Eiklar
1 EL Mehl
2 EL Milch
1 Pr. Salz
Butter zum Abbacken

**Zubereitung:** *Süß oder pikant*

3 Eigelb mit dem Mehl, dem Salz und der Milch glatt rühren. Den steif geschlagenen Eischnee unterziehen und als Omelett abbacken. Dazu etwas Butter in einer Pfanne erhitzen (ca. 22 cm Durchmesser), die Masse eingeben und mit einem Deckel stocken lassen. Wenden und nach kurzer Zeit, wenn der Schaum fest ist, wieder zurückwenden.
Auf einem Teller anrichten: dabei die Hälfte füllen und die andere Hälfte überklappen. Mit Konfitüre oder Apfelmus füllen und Zucker bestreuen.

**Mein Tipp:**

Das pikante Schaumomelett kann man sehr gut mit Spargel oder Champignons füllen. Sofort servieren, da es sonst fällt!!

# Früchte-Eierkuchen

**Zutaten:**
125 g Mehl
4 Eier
½ TL Salz
Milch
Öl zum Ausbacken

Füllung:
4 Äpfel
Saft von einer Zitrone
oder einen Schuss
Weißwein
etwas Zucker

**Zubereitung:**

Das Mehl in eine Schüssel sieben, das Ei hinzufügen und die Milch unterrühren, bis ein dünner, geschmeidiger Teig entsteht. Die Äpfel schälen, entkernen und in Scheiben schneiden. Wasser, Zucker, Zitronensaft oder Wein zum Kochen kommen lassen. Die Äpfel darin dünsten, bis sie gar sind, aber nicht zerfallen. So viel Fett erhitzen, dass ein dünner Film auf dem Pfannenboden entsteht. Den Eierkuchenteig hineingießen, sodass der Boden gerade dünn bedeckt ist. Bei kräftiger Hitze von beiden Seiten goldbraun backen.

**Mein Tipp:**

Während man die Eierkuchen abbackt, werden die schon fertigen Eierkuchen warm gestellt, damit man später schöne gleichmäßige Teller hat.

# *Kartoffelklöße mit warmem Obst*

**Zutaten:**
1 kg gek. Kartoffeln
2 Eier
Salz, 1 Pr. Muskat
2 EL Weizenmehl
2 EL Kartoffelmehl
1 Semmel
zu Bröckchen
Etwas Butter zum
Anbraten
Eingekochte Dreifrucht
(Pflaumen, Birnen
und Äpfel)

**Zubereitung:**

Frisch gekochte oder gekochte kalte Kartoffeln vom Vortag verwenden. Wenn möglich sofort heiß durchpressen oder durchdrehen. Mit allen Zutaten vermengen und abschmecken. Die klein geschnittenen Semmelbröckchen in der Butter goldgelb backen und Klöße formen, in deren Mitte man geröstete Bröckchen gibt. Die Klöße mit der Hand runden, in dem man die Hände bemehlt und die Klöße in ein wenig Mehl wälzt. In das kochende Salzwasser legen und nach dem Aufkochen 10 – 15 Min. bei offenem Topf ziehen lassen.

**Mein Tipp:**

Lecker schmeckt dazu eine selbst gemachte Dreifrucht aus Äpfeln, Birnen und Pflaumen, gezuckert und mit Zimt abgeschmeckt. Sie wird warm zu den Klößen gegessen.

# *Quarkauflauf*

**Zutaten:**
80 g Butter
2 Eigelb
150 g Zucker
abgeriebene
Zitronenschale
375 g Quark
3 EL Milch
80 g Mehl
80 g Rosinen
30 g Mandeln
2 Eischnee
Butterflocken und
Zucker zum Belegen

**Zubereitung:**

Eier, Zucker und Butter schaumig rühren. Dann die Zitronenschale und den Quark dazugeben, ebenfalls die weiteren Zutaten verrühren. Den steif geschlagenen Eischnee unterziehen. Die ganze Masse in eine eingefettete Auflaufform geben, mit Butterflöckchen und Zucker belegen und bei 200 °C ca. 45 Min. abbacken.

**Mein Tipp:**

Der Auflauf fällt sehr leicht, deshalb Vorsicht beim Öffnen des Backofens, nach der Garzeit sofort servieren.
Dazu schmeckt gut frisches Apfelmus.

# *Reis-Obst-Auflauf*

**Zutaten:**
¾ l Milch
Prise Salz
150 g Rundkornreis
750 g Äpfel
25 g Butter
100 g Zucker
2 Bananen
1 TL Zimt
250 g Sauerkirschen
50 g Walnusskerne
3 Eier

**Sauerkirschsoße:**
¼ l Kirschsaft
2 EL Zucker
20 Mondamin

**Zubereitung:**

Milch und Salz in einem Topf zum Kochen bringen. Reis im Sieb unter kaltem Wasser abspülen, abtropfen lassen und in die heiße Milch geben. Zugedeckt bei schwacher Hitze 40 Min. quellen lassen.
Äpfel schälen, vierteln, entkernen, in Scheiben schneiden. Butter und 50 g Zucker in einer Pfanne goldbraun werden lassen, Äpfel darin in 5 Min. anbraten. Bananen schälen, in 1 cm dicke Scheiben schneiden, kurz mitbraten, Pfanne vom Herd nehmen; Zimt darüber streuen. Die abgetropften Sauerkirschen ebenfalls zufügen. Walnusskerne grob hacken, mit den Früchten mischen, in eine feuerfeste, eingefettete Form füllen und glatt streichen.

Eigelb und 30 g Zucker in einer Schüssel schaumig rühren. Eiweiß und 20 g Zucker zu steifem Schnee schlagen, Eigelbmasse und Eischnee unter den Reis heben, Reis über die Früchte füllen. Im vorgeheizten Ofen bei 180 °C ca. 30 Min. garen.

**Mein Tipp:**
Den Reis-Obst-Auflauf heiß servieren und als Beilage Sauerkirschsoße servieren. Dazu den Kirschsaft und Zucker aufkochen und die Soße mit Mondamin binden.

# *Scheiteraufen mit Weinschaumsauce*

**Zutaten:**
5 alte Brötchen
3 Äpfel
Rosinen nach Belieben
etwas Butter

**Eiermilch:**
¼ l Milch
2 Eier
100 – 125 g Zucker
Abgeriebene
Zitronenschale

**Weinschaumsoße:**
2 Eigelb
100 g Zucker
1 EL Speisestärke
¼ l Weißwein
Saft einer ½ Zitrone
etwas abgeriebene
Zitronenschale

**Zubereitung:**

In Scheiben geschnittene Brötchen und Äpfel mit den Rosinen schichtweise in eine gefettete Auflaufform geben und Eiermilch darüber gießen. Mit Butterflöckchen belegen und 40 – 50 Min. bei Mittelhitze im Backofen backen. Mit Weinschaumsoße servieren.

Weinschaumsoße:
Alle Zutaten in einem hohen Topf kalt verrühren. Abschlagen, bis die Soße hochsteigt und dicklich wird. Sobald sich die ersten Blasen zeigen, von der Kochstelle nehmen. Warm oder kalt servieren.

**Mein Tipp:**

Am besten gelingt die Weinschaumsoße allerdings in einer Schüssel mit rundem Boden, die in einem Topf im kochenden Wasserbad abgeschlagen und erhitzt wird.
Anstelle von Wein eignet sich auch Apfelsüßmost. Dann 3 – 4 EL Zitronensaft und nur 80 g Zucker nehmen.

# *Reibekuchen (Kartoffelpuffer)*

**Zutaten:**
2 kg Kartoffeln
1 große Zwiebel
Salz
2 Eier
ca. 3 EL Haferflocken
(nicht zu fein)
Fett zum Backen

**Zubereitung:**

Die Kartoffeln schälen, die Zwiebel schälen und beides reiben oder pürieren und sofort mit den anderen Zutaten zu einem nicht zu flüssigen Teig verarbeiten.
Das Fett ausreichend erhitzen. Aus 2–3 Esslöffeln Teig gleichmäßig große Kartoffelpuffer in das heiße Fett geben und von beiden Seiten goldbraun backen.
Heiß aus der Pfanne schmecken die Reibekuchen am Besten, besonders mit frischem Apfelmus!

**Mein Tipp:**

Der Teig lässt sich sehr gut in einem Mixglas zubereiten. Dann sollten zunächst die Eier hinein geschlagen werden und die Kartoffeln und Zwiebel gewürfelt dazu gegeben werden.

Wenn man einen herzhafteren Geschmack haben möchte, sollte man nur die Zwiebel reiben und die Kartoffeln raspeln.

# Gemüseomelett nach Großmutterart

**Zutaten:**
2 mit der Schale gekochte mittelgroße Kartoffeln
ca. 60 g Champignons
200 g Erbsen (gegart)
100 g gewürfelte Karotten (gegart)
1 Bund Petersilie
8 Eier
8 EL Wasser
1 TL Salz
Pfeffer
geriebene Muskatnuss

**Zubereitung:**

Kartoffeln pellen, in Würfel schneiden. Die Champignons halbieren. Das Gemüse mit den übrigen Zutaten vermengen. Die Petersilie hacken und die Hälfte hinzufügen. Eier und Wasser gut verschlagen, die Gewürze hinzugeben und abschmecken.
Butter in einer Stielpfanne erhitzen, ¼ der Eiermasse hinzugeben, etwas stocken lassen. ¼ des Gemüses darauf verteilen. Deckel auf die Pfanne legen, das Omelette stocken lassen, bis zur Hälfte überschlagen, auf einer Platte im Backofen warm halten.
Aus den restlichen Mengen noch 3 Omeletts zubereiten. Mit der Petersilie bestreuen. Sofort servieren.

# *Italienisch gefüllte Eierkuchen*

**Zubereitung:**

Das Mehl, Salz, Eier und Wasser zu einem dünnflüssigen Teig verarbeiten und etwas stehen lassen. In heißem Fett acht dünne Eierkuchen davon backen und abkühlen lassen. Aus Butter und Mehl eine helle Mehlschwitze zubereiten und mit der Fleischbrühe zu einer dicken Sauce auffüllen. Mit einem Eigelb legieren und mit Salz und Muskat abschmecken. Den Käse im Würfel schneiden, den Schinken fein wiegen und mit der Sauce vermischen. Für die Tomatensauce Speck und Zwiebel in Würfel schneiden, in der Butter hellgelb rösten und Tomatenmark und Mehl hinzufügen. Ebenfalls kurz durchrösten und langsam mit der Fleischbrühe und zum Schluss mit der Milch aufgießen. Mit den Gewürzen abschmecken. Die Eierkuchen mit der Käsefüllung dick bestreichen und aufrollen. Nebeneinander in eine gefettete Auflaufform geben, mit der Tomatensauce übergießen und mit geriebenem Käse bestreuen.
Im Ofen 25 Min. überbacken. Salat dazu reichen.

**Zutaten:**
250 g Mehl
Salz
2–3 Eier
etwa 3/8 l Wasser
Butter zum Anbraten
30 g Butter
30 g Mehl
knapp 1/4 l Fleischbrühe
Muskat
1 Eigelb
250 g frischer Gouda
200 g gekochter Schinken
50 g geriebener alter Gouda

**Zutaten:**
Tomatensauce:
1 gr. Zwiebel
50 g Speck
30 g Butter
30 g Mehl
3 EL Mehl
1/4 l Fleischbrühe
1/8 l Milch
Zucker
Rosmarin
Salbei

**Mein Tipp:**

In einer eckigen Auflaufform auf einer Warmhalteplatte serviert, kommen sie sehr gut auch bei Gästen im kleinen Kreis an.
Meine Rommé-Runde war von Aufmachung und Geschmack begeistert!!

# Italienischer Zwiebel-Käse-Kuchen

**Zutaten:**
Für den Teig:
375 g Mehl
40 g Hefe
1 Pr. Salz
1/8 – 1/4 l lauwarme Milch
Mehl zum Ausrollen
Margarine für die Form

Für den Belag:
750 g Zwiebeln
250 g Parmesan am Stück oder Edamer Käse
50 g geräucherten Schinkenspeck
2 ½ EL Butter oder Margarine
2 Eier
3 EL saure Sahne
Knoblauchsalz
1 TL Kümmel und 1 EL gehacktes Basilikum

**Zubereitung:**

Mehl und Salz in eine Schüssel geben, zerbröckelte Hefe und 1/8 l Milch hineingeben. Restliche Milch nur dann zugeben, wenn der Teig zu fest ist. Einen geschmeidigen Teig kneten und zugedeckt am warmen Ort 15 Min. gehen lassen. Nochmals durchkneten und auf Mehl ½ cm dick rund ausrollen. Springform von 26 cm Durchmesser einfetten. Mit dem Teig auskleiden. Zwiebeln schälen, klein hobeln oder in feine Scheiben schneiden. Käse grob raspeln. Schinkenspeck fein würfeln. Speck in der heißen Butter (oder Margarine) ausbraten. Zwiebeln zugeben und weich dünsten. Leicht abkühlen lassen. Käse unterheben. Verquirlte Eier, saure Sahne unterheben. Mit Knoblauchsalz abschmecken. Kümmel und Basilikum unterheben. Füllung auf dem Teig verteilen. Form in den vorgeheizten Ofen (mittlere Schiene) stellen und 30 Min. backen.

**Mein Tipp:**
Die Hefe darf nicht mit dem Salz in Berührung kommen, sonst kann sie nicht aufgehen.
Den Zwiebel-Käse-Kuchen in 8 Stücke geschnitten heiß servieren. Dazu schmeckt traditionell Federweißer.

# Kartoffelblätterteig

**Zubereitung:**

Kartoffeln reiben. Dann mit Mehl, Salz und Fett in einer Rührschüssel zu einem Teig verkneten. Im Kühlschrank kalt stellen. Danach wie echten Blätterteig in 2–3 Touren verarbeiten.
Hackfleisch mit Ei, Salz und Pfeffer vermengen und abschmecken. Champignons fein hacken.
Teig ½ bis 1 cm dick ausrollen, Quadrate ausradeln, mit Füllung belegen, über Eck zu Taschen zusammenklappen und mit Eigelb bestreichen.
Bei 200 °C in 15–20 Min. ausbacken.

**Zutaten:**
250 g gekochte Kartoffeln
250 g Mehl
1 gestr. TL Salz
250 g Fett
150 g Hackfleisch
1 Ei
Salz
Pfeffer
100 g Champignons

# Lauchkuchen nach Schwyzer Art

**Zutaten:**
Teig:
375 g Mehl
25 g Hefe
¼ l Milch
1 gestr. TL Salz
50 g Margarine oder Schmalz
1 TL Zucker

Füllung:
1 kg Lauch
50 g Schinkenspeck
4 Tomaten
2 Eier
6 EL Sahne
Pfeffer, Salz

**Zubereitung:**

Aus obigen Zutaten einen Hefeteig zubereiten. Vor dem Ausrollen gehen lassen.
Lauch sehr gut waschen, in 5 cm große Stücke schneiden, 10 Min. in leicht gesalzenem Wasser ziehen lassen, abschütten. Schinkenspeck würfeln. Tomaten häuten und achteln.
Eier, Sahne, Pfeffer und Salz verquirlen.
Den Hefeteig ausrollen, in eine gefettete Form legen, die Ränder hoch drücken. Lauch, Tomaten und Speckwürfel auf dem Teigboden verteilen, die Sahnemischung darüber gießen und 40 Min. bei 200 °C backen.

# *Champignontorte*

**Zutaten:**
Mürbeteig:
125 g Mehl
1 TL Backin
75 g Butter
1 Pr. Salz
1 Ei

Füllung:
50 g Margarine
1 gewürfelte Zwiebel
250 g geschnittene Champignons (nach Möglichkeit frische Pilze)
100 g gek. Schinken
250 g frischer Gouda oder Edamer Käse

Eiermilch:
3 Eier
$^{1}/_{8}$ l Sahne oder Dosenmilch
Salz
Pfeffer
Muskatnuss

**Zubereitung:**

Mürbeteig:
Mehl und Backin sieben und auf die Tischplatte geben. In die Mitte eine Vertiefung eindrücken und mit einem Teil des Mehls zu einem dicken Brei mischen. Das kalte Fett auf den Rand geben, es mit Mehl bedecken und von der Mitte aus allen Zutaten schnell einen glatten Teig kneten. $^{2}/_{3}$ des Teiges für den Boden ausrollen und in die gefettete Springform geben.
Vom restlichen Teig eine Rolle formen und in die Springform als Rand eindrücken.
Bei 100 °C 15 Min. backen.

Füllung:
Die gewürfelte Zwiebel in Margarine dünsten und nach und nach die gewürfelten Zutaten zugeben. Nach kurzem Umschwenken auf den vorgebackenen Tortenboden geben.

Eiermilch:
Alles gut verquirlen und die Eiermilch auf die Füllung geben.
Bei 200 °C ca. 50 Min. auf der unteren Schiene backen.
Zu beachten ist, dass der untere Rand der Springform vorher mit Alufolie verdichtet wird.

# *Buntes Pizzablech*

**Zubereitung:**

Quark, Milch, Ei, Öl und Salz verrühren. Mehl und Backpulver mischen, gut die Hälfte einrühren, den Teig mit dem restlichen Mehl verkneten, ausrollen und auf ein Blech legen.
Teigplatte mit Tomatenmark bestreichen und mit restlichen Zutaten beliebig belegen; mit Gewürzen bestreuen.
Im Ofen bei 150 °C ca. 20 Min. abbacken.

**Mein Tipp:**

Der Belag der Pizza kann natürlich beliebig verändert werden.

**Zutaten:**

Quark-Ölteig:
125 g Quark
2 EL Milch
1 Ei
4 EL Öl
1 TL Salz
250 g Mehl
1 Pck. Backpulver

Belag:
Tomatenmark
Hackfleisch
Pilze
Tomaten in Scheiben
Mettwurst
Schinken
Paprika
Käsestreifen
Pfeffer
Salz
Paprikagewürz
Thymian
Oregano

# *„Falsches" Cordon bleu*

**Zutaten:**
300 g gemischtes Hackfleisch
1 Ei
1 EL Semmelbrösel
Salz, Pfeffer, Majoran
1 Zwiebel
4 Scheiben Käse
2 Scheiben gek. Schinken
50 g Pflanzenfett

**Zubereitung:**

Hackfleisch, Ei und Semmelbrösel vermengen. Mit Salz, Pfeffer und Majoran abschmecken. Zwiebel hacken und untermischen. Fleisch in 4 Teile teilen und flachdrücken. Abwechselnd Fleisch, Käse, Schinken, Käse und Fleisch übereinander setzen und fest zusammendrücken. In heißem Fett von beiden Seiten braten.

**Mein Tipp:**

Klein portioniert ist dieses Cordon bleu zu Vollkornbrot eine herzhafte Vorspeise, mit Salat und Kartoffelbeilagen wird es zum Hauptgericht.

# *Gebackene Tomaten*

**Zubereitung:**

Die Tomaten in dicke Scheiben schneiden, in eine Schüssel legen und mit Basilikum, Salz und Pfeffer würzen. Die Zwiebeln in Würfel schneiden und in Margarine oder Olivenöl goldbraun braten. Die Tomatenscheiben und den Saft von 2 ausgepressten Knoblauchzehen dazugeben. Die Gemüsemischung im offenen Topf ca. 5 Min. köcheln lassen.
Den Ofen auf 250 °C vorheizen. Eine feuerfeste Form fetten und die in Streifen geschnittenen Schinkenscheiben lagenweise mit der Gemüsemischung in die Form schichten: Schinken, Tomaten, Schinken. Das Gericht mit Semmelbröseln und geriebenem Käse bestreuen und im Ofen ca. 10 Min. backen.

**Zutaten:**
500 – 750 g Tomaten
1 TL Basilikum
1 TL Salz
½ TL schwarzer Pfeffer
4 mittelgroße Zwiebeln
1 EL Olivenöl
oder Margarine
2 Knoblauchzehen
200 g gekochter oder geräucherter Schinken
1 TL Margarine für die Form

Zum Überbacken:
2 EL Semmelbrösel
3 EL geriebener Parmesankäse

**Mein Tipp:**

Das Gericht kann gut vorbereitet werden.
So hat man bei Zeitmangel schnell eine frisch überbackene Mahlzeit fertig.

# *Piemonter Tomatentoast*

**Zutaten:**
6 gr. feste Tomaten
Salz, Pfeffer
250 g Hackfleisch
1 fein gewiegte Zwiebel
Butter zum Dünsten
6 Scheiben Kastenbrot
Butter zum Bestreichen
6 Scheiben Chester-Käse zum Füllen
1 ½ Käseschabletten zum Überdecken

**Zubereitung:**

Von den Tomaten die Käppchen abschneiden. Tomaten aushöhlen, innen leicht salzen und pfeffern. Hackfleisch und fein gewiegte Zwiebel in heißer Butter andünsten, mit Salz und Pfeffer abschmecken. Die Tomaten damit füllen. Die Weißbrotscheiben leicht rösten, auf einer Seite mit Butter bestreichen und mit je einer Scheibe Chester-Käse belegen. Die gefüllten Tomaten darauf setzen. 1 ½ Schabletten in 6 kleine Vierecke schneiden, die Vierecke in der Mitte kreuzweise einschneiden und auf jede Tomate ein Quadrat setzen.
Die Brote bei Mittelhitze im Backofen etwa 15 Min. überbacken und sofort servieren.

# *Toreros zum Abendessen*

**Zubereitung:**

Alle Zutaten bis auf das Eiweiß vermengen. Das Eiweiß steif schlagen und unter die Masse ziehen.
Häufchen aufs Blech setzen, auf 190 °C 10–15 Min. abbacken.

**Zutaten:**
100 g Fett
3 Eigelb
1 TL Senf
100 g Mehl
1 Pck. Puddingpulver Sahnegeschmack
2 volle TL Backpulver
150 g Schinkenwürfel
150 g Käsewürfel
Petersilie, Schnittlauch

3 Eiweiß

# *Fischtopf Helsinki*

**Zutaten:**
500 g Fischfilets
2 TL Salz
Saft von 1 Zitrone
1 EL Butter
4 EL Wasser
1 kl. Dose
geschälte Krabben
1 kl. Dose Muscheln
1 EL Butter
1 fein gehackte Zwiebel
1 EL Mehl
¼ l saure Sahne
1 Eigelb
½ TL weißer Pfeffer
2 EL geriebener
Hartkäse

**Zubereitung:**

Fischfilets säubern, quer in fingerdicke Streifen schneiden, salzen und mit Zitronensaft beträufeln. Fisch 5 Min. in Butter und Wasser dünsten. Fisch in feuerfeste Form legen, Flüssigkeit aufbewahren.
Muscheln und Krabben auf den Fisch geben. Butter erhitzen, Zwiebel darin glasig werden lassen. Mit Mehl bestäuben, unter ständigem Rühren goldgelb werden lassen. Sahne nach und nach mit der Flüssigkeit vom gedünsteten Fisch zugießen und 8–10 Min. kochen.
Mit Salz und Pfeffer abschmecken. Soße über den Fisch geben, mit dem Käse bestreuen. 6–8 Min. überbacken.

**Mein Tipp:**

Dieses leichte Sommeressen schmeckt gut zu frischem Baguette, als Hauptgericht auch zu einem kühlen Weißwein auf der Terrasse.

# *Kaffeetrinken im Bauerngarten*

**Ein Platz unter Bäumen**

In der heutigen Zeit ist es Normalität geworden, auf Terrassen und im Garten zu feiern. Wer den ganzen Tag im Büro arbeitet, freut sich, Natur und Landschaft zu genießen und verbindet dies oft mit einem Essen.
Auf dem Bauernhof war das anders. Wenn man die meiste Zeit draußen war, ob bei Sonne oder Regen, freute man sich, die Mahlzeiten im Haus einzunehmen.
Zu den Ausnahmen zählten vor allem die Kindergeburtstage. Es war eine glückliche Lösung für alle Beteiligten, die Kindertafel draußen zu decken.
Die Kinder konnten sofort spielen und die „gute Stube" blieb verschont.
Auf dem Forellenhof stellten wir immer eine große Kindertafel zum Geburtstag unseres Sohnes.
Da Kindergeburtstage nicht nur mit zwei oder drei Kindern gefeiert wurden, kamen die Kinder der anderen Höfe in verschiedenen Altersklassen und es waren auch noch Kinder der Gäste eingeladen.
Das Geburtstagskind saß immer am Kopfende und wünschte sich meist Erdbeertorte.

Mein Mann und ich legten schon zur Betriebseröffnung in unserem Bauerngarten drei Nischen aus einer Hainebuchenhecke an, in denen unsere Gäste sich gern Kaffee und Kuchen servieren ließen, wenn es auf der Hausterrasse zu heiß war.
Wochentags gab es immer frischen Butterkuchen und Tortenböden mit Obst der Jahreszeit belegt.
Ab August waren dann Apfel- oder Zwetschenkuchen sehr beliebt.
Die Torten backten wir zum Wochenende oder für Familienfeiern.

# *Obstboden („Eischwerböden") – für 2 Tortenböden*

**Zutaten:**
250 g Eier (4 Stück)
250 g Zucker
250 g Margarine
250 g Mehl
½ Pck. Vanillinzucker
½ Pck. Backpulver
Obst zum Belegen

**Zubereitung:**

Mit Vanillinzucker vermischten Zucker und Eier schaumig rühren. Dann die weiche Margarine zugeben. Nach und nach das mit dem Backpulver vermischte Mehl unterrühren.

Backzeit: 20–25 Min.

# *Butterkuchen*

**Zubereitung:**

Einen Hefeteig nach Grundrezept herstellen, gehen lassen, zu einem Rechteck ausrollen und auf ein gefettetes Kuchenblech legen. Nochmals kurz gehen lassen, mit den Fingern in kleinen Abständen Vertiefungen eindrücken und Butterflöckchen aufsetzen. Mit Zucker, Vanillinzucker und den Mandeln bestreuen. Den Ofen vorheizen und bei starker Hitze (210–225 °C) etwa 15–20 Minuten backen, mittlere Schiene.
Umluft 180–200 °C

**Zutaten:**
100 g Butter
100 g Zucker
1 Pck. Vanillinzucker
50 g gehobelte Mandeln

**Mein Tipp:**

Der Butterkuchen sollte nicht mehr im Ofen gehen, sondern hoch aufgegangen bei starker Hitze sofort backen, damit er besonders locker wird.

# *Apfel- oder Pflaumenkuchen*

**Zubereitung:**

½ Hefeteig nach Grundrezept herstellen, gehen lassen, zu einem Rechteck ausrollen und auf ein gefettetes Blech legen. Nochmals kurz gehen lassen und mit Äpfeln oder Pflaumen belegen. Mit Zimtzucker bestreuen, mit den Streuseln belegen und in guter Hitze (Heißluft 170 °C/ Ober-Unterhitze 180 °C) etwa 40 bis 45 Min. backen.

**Zutaten:**
1 ½ kg Äpfel
oder Pflaumen

Streusel:
200 g Butter
200 g Zucker
200 g Mehl
1 Vanillezucker
Zucker und Zimt
zum Bestreuen

**Mein Tipp:**

Da sich Gebäcke aus Hefeteig gut einfrieren lassen, lohnt es sich auch gleich mehrere Bleche abzubacken, also zwei Obstkuchen oder aber einen Butterkuchen mit einzuschieben.

Ein Stück Pflaumenkuchen in der Mikrowelle aufgetaut und etwas erwärmt mit einer Kugel Vanilleeis kam in einem pflaumenreichen schönen Herbst wie diesem besonders gut an.

# *Omas Käse-Sahne-Torte*

**Mürbeteig:**
75 g Margarine
75 g Zucker
1 P. Vanillezucker
1 Ei
125 g Mehl
1 MS Backpulver

Füllung:
125 g Butter
200 g Zucker
3 Eier (trennen)
500 g Quark
3 EL Zitronensaft
(je nach Geschmack)
12 Blatt Gelatine
¼ l Sahne

750 g abgetropfte
Mandarinen

**Zubereitung:**

Aus den Zutaten einen Mürbeteig herstellen, 20 Min. kühl ruhen lassen und in einer gefetteten Springform (26 cm Durchmesser) abbacken. 180 ° – 190 °C, 15 – 20 Min.
In der Zwischenzeit für die Füllung eine Creme herstellen. Butter und Zucker schaumig rühren, dann die Eigelb zugeben, zuletzt Quark und Zitronensaft unterrühren, abschmecken.
Die Gelatine nach Herstellerangabe auflösen und unterrühren. Die Eiweiß zu steifem Schnee schlagen und diese wie auch die steif geschlagene Sahne locker unterheben.

Die Mandarinen auf dem erkalteten Mürbeteigboden verteilen und die Quarkmasse darüber streichen. Die Torte kalt stellen und die Masse fest werden lassen.
Man kann die Torte ganz schlicht lassen oder mit Sahnetupfen und Mandarinenstücken verzieren.

**Mein Tipp:**

Statt der Mandarinen können auch Ananasstücke oder Sauerkirschen aus der Dose verwendet werden.

# Zitronen-Sahne-Torte

**Zubereitung:**

Aus Margarine, Zucker, Eigelb, Mehl, Backpulver, Milch und Vanillezucker einen Rührteig herstellen. Aus Eiweiß und Zucker Baiser herstellen.
Teig in zwei Formen streichen, Baiser darauf verteilen und mit Mandeln bestreuen.
Backzeit: 40 – 50 min. bei 175 °C

Wasser, Zitronensaft und Zucker mit Mondamin andicken (fest). Sahne steif schlagen und unter den erkalteten Zitronenpudding rühren.
Die Füllung zwischen die beiden Baiserböden geben und kühl stellen.

**Mein Tipp:**

Die Torte schmeckt frisch am knackigsten!
Mit einem elektrischen Messer lässt sich der Baiserdeckel gut schneiden.

**Zutaten:**
125 g Margarine
125 g Zucker
4 Eigelb
150 g Mehl
2 TL Backpulver
2 EL Milch
1 Pck. Vanillezucker

4 Eiweiß
250 g Zucker
Mandelsplitter zum Bestreuen

**Füllung:**
$^{1}/_{8}$ l Wasser
$^{1}/_{8}$ l Zitronensaft
100 g Zucker
Mondamin

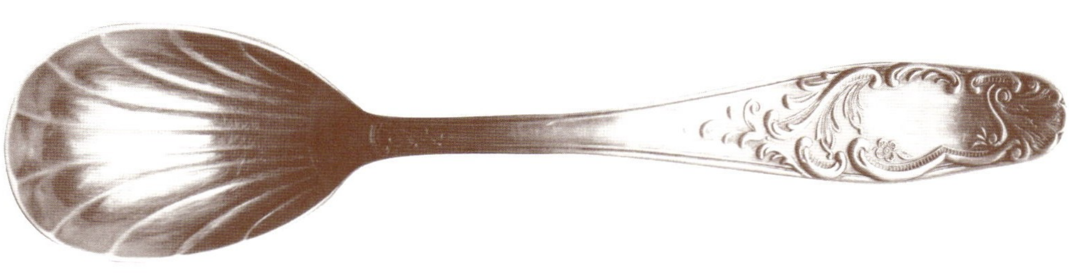

# *Aprikosen-Schichttorte*

**Zutaten:**
50 g Margarine
80 g Zucker
1 Ei
1 EL Honig
250 g Mehl
½ Pck. Backpulver
1 Glas Aprikosen-
marmelade
$^3/_8$ l Schlagsahne
Zucker nach Geschmack
1 EL Cointreau
2 gedünstete Aprikosen

**Zubereitung:**

Margarine, Zucker, Ei und Honig im Wasserbad gut durchschlagen. Mehl und Backpulver mischen. Aufs Backbrett geben. Warme Eiermasse darunterkneten. Teig in 5 Portionen teilen. Zu Platten ausrollen. In der Springform backen.
Backzeit: 8 Min. bei 200 °C
Auskühlen lassen. Platten mit Aprikosenmarmelade bestreichen. Sahne steif schlagen. Nach Geschmack zuckern. Mit Cointreau parfümieren. Torte damit überziehen. Die Oberfläche mit der Gabel garnieren. Mit Sahnetuffs und Aprikosen verzieren. In 12 Stücke teilen.

# *Festliche Sahne-Quarktorte*

**Zubereitung:**

Fett, Zucker, Eigelb, Vanillezucker und Salz gut schaumig rühren.
Das Mehl mit Backpulver gesiebt dazu und zu einem streichfähigen Teig verarbeiten. Jeweils die Hälfte auf Springformboden glatt streichen und bei 180 °C abbacken.

**Teig:**
150 g Butter
oder Margarine
50 g Zucker
2 Eigelb
1 Pck. Vanillezucker
1 Prise Salz
150 g Mehl
½ TL Backpulver

Speisegelatine im Mandarinensaft nach Vorschrift auflösen und abkühlen. Sahnequark mit Zucker, Zitronensaft und Gelatine gut verrühren. Eiweiß und Sahne steif schlagen und zusammen mit den abgetropften halbierten Mandarinenscheiben locker unter die Quarkcreme ziehen. Beide Böden noch heiß von der Platte lösen. Einen Boden sofort in 12–14 Teile schneiden. Den anderen in der Springform lassen. Rand mit Pergamentpapier auslegen. Quarkcreme auf den Boden füllen und glatt ziehen. Die zerteilten Tortenstückchen obenauf legen und einige Stunden kalt stellen, mit Puderzucker und Mandarinenscheiben verzieren.

**Quarkcreme:**
3 TL Speisegelatine
gem. weiß
3 EL Mandarinensaft
250 g Sahnequark
100 g Zucker
Saft einer ½ Zitrone
1 kl. Dose
Mandarinenscheiben
2 Eiweiß
¼ l Sahne

# Flocken-Sahne-Torte

**Für den Mürbeteig:**
150 g Mehl
50 g Zucker
1 Ei
80 g Butter
1 MS Backpulver

**Für den Brandteig:**
$^1/_4$ l Wasser
50 g Margarine
1 Pr. Salz
150 g Mehl
30 g Mondamin
5 – 6 Eier
1 MS Backpulver

**Zubereitung:**

Den Mürbeteig herstellen, einen Boden ohne Springformrand bei ca. 180 °C in 10 – 12 Minuten backen.
Für den Brandteig das Wasser mit der Butter und dem Salz zum Kochen bringen. Die gesamte Mehlmenge auf einmal in die Flüssigkeit geben und auf dem Herd so lange glatt rühren, bis sich ein Kloß gebildet hat und dieser sich mit einer weißen Haut vom Topfboden löst. Den Kloß in eine Schüssel geben und sofort ein Ei unterrühren. Nach und nach die restlichen Eier unterrühren. Jedes Ei muss vollständig eingearbeitet sein, bevor man ein weiteres zugibt. In den ausgekühlten Teig das Backpulver und den Zucker mengen.
Tortenring von 26 cm Durchmesser auf ein mit Wasser abgespültes Backblech setzen und innen mehlen. Ein Viertel des Brandteiges darauf

streichen, 15–20 Min. goldgelb backen, dann wenden und nochmals ca. 15 Minuten backen. Die Ofentür während der gesamten Backzeit geschlossen halten. Dabei biegt sich der Teig stellenweise hoch und „flockt“ aus.
Auf diese Weise auch die anderen 3 Böden backen. Ein Boden wird sofort in 16 Stücke geschnitten!
Für die abgeschlagene Rumcreme die Zutaten im Wasserbad schaumig schlagen, die Gelatine auflösen und unter die Eigelbmasse rühren. Wenn die Creme anfängt zu gelieren, die steife Sahne und den Rum unterheben.
Inzwischen den Mürbeteig mit den angedickten Sauerkirschen bestreichen und den Springformrand oder einen Tortenrand um den Mürbeteig stellen. Etwas Rumcreme über die Kirschen streichen, dann den nächsten Brandteigboden usw., als letzte Schicht Rumcreme.
Die Torte einige Stunden durchkühlen lassen, aus der Form nehmen und den Rand mit gebräunten Mandeln bestreuen.
Den geschnittenen Brandteigboden mit Puderzucker bestäuben und auf die fertige Torte setzen.

**Füllung:**
Für die Rumcreme:
6 Eigelb
1 Tasse Milch
1 Vanillestange
1 Pr. Salz
120 g Zucker

12 Blatt weiße Gelatine
4–5 EL Rum
1l Sahne

1 Glas Sauerkirschen
Zucker und
Blockschokolade
Etwas Mondamin zum
Andicken

Gebräunte Mandeln
für den Rand

**Mein Tipp:**

Die Torte schmeckt auch sehr gut mit Preißelbeerkonfitüre. Diese lässt sich auch sehr gut auf jedem Boden als Ring verteilen.

# *Frankfurter Kranz*

**Biskuitboden:**
6 frische Eier
2 Pr. Salz
200 g Zucker
150 g Mehl
2 Pck. Vanillepudding
(60 g)

**Füllung:**
1½ l Milch
250 g Zucker
1 Pr. Salz
1 Stange Bourbon
Vanille o.
2 Pck. Vanillinzucker
2 Pck. Vanillepudding
(60 g)
od. Weizenstärke
(z. B. Mondamin)
500 g Butter
200 g Puderzucker
1 Glas roter Johannisbeergelee

**Dekoration:**
1 P. Haselnusskrokant
od. gehackte Mandeln
1 P. kandierte Kirschen

Der Frankfurter Kranz ist eine typische Festtagstorte, für den es viele Zubereitungsvarianten gibt. Ich möchte hier das aufwendige klassische Rezept wiedergeben.

**Biskuitboden:**
Die Eier aufschlagen und trennen. Die Eiklar mit dem Salz zu steifem Schnee schlagen und den Zucker einrieseln lassen. Das Eigelb separat verquirlen und unter die übrige Masse geben.
Den Vanillepudding und das Mehl auf den Teig sieben und alles vorsichtig unterheben. Die Masse in eine Frankfurter-Kranz-Form füllen und in den Ofen schieben, ca. 30 Minuten bei 180 °C. Den erkalteten Biskuitring 3x waagerecht durchtrennen.

**Füllung:**
Die Milch – bis auf einen kleinen Rest – zum Kochen bringen. In die kochende Milch den Zucker und die Gewürze geben. Das Puddingpulver in der kalten Restmilch anrühren, unter ständigem Rühren in die erwärmte Milch geben und aufkochen lassen. Die eingedickte Creme vom Herd nehmen und langsam auskühlen lassen. Separat die temperierte Butter und den Puderzucker ca. 5 Min. lang im Schnellgang aufschlagen. Nach und nach die ausgekühlte, glatte Vanillecreme unter die Buttermassen rühren.

Zur Weiterverarbeitung den 1. Boden auf eine Tortenplatte legen, dann eine Schicht Gelee auftragen, darauf einen Teil der Buttercreme streichen. Den 2. Boden darüber legen und ebenso füllen. Auf dem letzten Boden wird auch Gelee und Buttercreme verteilt. Über den gesamten Kranz wird Haselnusskrokant gestreut und leicht angedrückt. Als Dekoration können kleine Buttercremetupfen gespritzt werden, die mit kandierten Kirschen belegt werden.

**Mein Tipp:**
Anstelle von Johannisbeergelee können auch andere rote Gelees und Marmeladen verwendet werden, z. B. Himbeer- oder Kirschmarmelade oder Preiselbeeren.

# *Himbeer-Joghurt-Torte*

**Zubereitung:**

Aus den Zutaten einen Mürbeteig herstellen, 20 Min. kühl ruhen lassen und in einer gefetteten Springform abbacken. 175 °C, 10 – 15 Min. In der Zwischenzeit für die Füllung Joghurt und Zucker gut verrühren, die aufgelöste Gelatine und die geschlagene Sahne unterheben.
Den Boden in einen Tortenring geben und die Joghurtmassen einfüllen und glatt streichen. Einige Zeit im Kühlschrank fest werden lassen. Die aufgetauten, abgetropften Himbeeren auf die Masse geben, die rote Gelatine nach Herstellervorgabe auflösen, unter den Himbeersaft mengen, warten bis er zu gelieren beginnt und über die Himbeeren geben. Kalt stellen.

**Mürbeteig:**
100 g Mandelblätter
100 g Mehl
100 g Butter
60 g Zucker
1 MS Backpulver

**Füllung:**
500 g Naturjoghurt
2 Becher Sahne
100 g Zucker
8 Blatt weiße Gelatine

750 g Himbeeren
¾ l Himbeersaft
8 Blatt rote Gelatine

**Mein Tipp:**

Statt der Himbeeren können auch Johannisbeeren verwendet werden, im Sommer natürlich auch frische Früchte.
Wenn nicht soviel Saft vorhanden ist, lassen sich die Früchte auch mit ¼ l Saft und Tortenguss verbinden.

# Himmelstorte

**Für den Rührteig:**
250 g Margarine
200 g Zucker
4 Eigelb
250 g Mehl
2 TL Backpulver

**Belag der Böden:**
4 Eiweiß
50 g Zucker
Mandeln, Zucker
und Zimt

**Füllung:**
500 g Himbeeren
125 g Puderzucker

½ l Sahne
evtl. etwas Zucker
2 P. Sahnesteif

**Zubereitung:**

Aus Margarine, Zucker, Eigelb, Mehl, Backpulver einen Rührteig herstellen. Den Rührteig in 4 Teile teilen und auf gefettete Springformböden ohne Rand geben, mit steifem Eischnee bestreichen und mit Zucker, Zimt und Mandeln bestreuen. Die Böden bei 175 °C bis 190 °C in 15–20 Minuten goldgelb backen.
Himbeeren und Puderzucker durchziehen lassen. Die Böden erkalten lassen. Dann die Sahne mit Zucker und Sahnesteif steif schlagen und die abgetropften Himbeeren unterheben.
Drei Böden mit der Füllung bestreichen und zu einer Torte zusammensetzen. Der oberste Boden bleibt ohne Sahne. Die Torte sollte gut durchkühlen!

**Mein Tipp:**

Mir schmeckt die Torte besonders gut, wenn sie noch nicht ganz durchgezogen ist. Dann lässt sie sich am besten mit einem elektrischen Messer schneiden, damit die oberste Schicht nicht zerspringt.

**Zubereitung:**

Eigelb und Wasser schaumig rühren. Zucker zugeben, schaumig schlagen. Eiweiß in einer anderen Schüssel zu steifem Schnee schlagen und auf die Eimasse geben. Mehl, Mondamin und Backpulver auf die Eischneemasse sieben, alles vorsichtig auf Stufe I verrühren. Gleichmäßig in die Form geben, die vorher gut eingefettet sein muss, und bei 180 °C 10 – 15 Min. backen.

Vanillepudding kochen und erkalten lassen. Die aus der Form genommenen Köpfe durchschneiden und mit Pudding füllen. Beide Hälften wieder aufeinandersetzen und mit Aprikosenkonfitüre und anschließend mit der aufgelösten Kuvertüre bestreichen.

**Zutaten:**
3 Eigelb
1 EL warmes Wasser
150 g Zucker
3 Eiweiß
150 g Mehl
50 g Mondamin
1 TL Backpulver

**Füllung:**
1 Pck.
Vanille-Puddingpulver
50 g Zucker
½ l Milch
2 EL Aprikosenkonfitüre
100 g Kuvertüre

# *Weintraubenschnitten*

**Biskuit:**
4 Eigelbe
4 EL heißes Wasser
150 g Zucker
4 Eiweiß
1 Pr. Salz
125 g gem. Haselnüsse
150 g Mehl
1 MSp. Backpulver
Margarine
zum Einfetten

**Belag und Garnierung:**
1000 g Weintrauben
1 l Sahne
2 Pck. Vanillinzucker
10 g Butter
40 g blättrige Mandeln

**Zubereitung:**

Teig: Eigelbe mit Wasser in einer Schüssel schaumig schlagen; nach und nach Zucker dazugeben. In einer anderen Schüssel Eiweiß mit Salz zu steifem Schnee schlagen. Auf die Eigelbcreme gleiten lassen. Gemahlene Haselnüsse mit Mehl und Backpulver mischen, über den Eischnee streuen und alles locker mischen. Backblech mit Pergament auslegen und mit Margarine einfetten. Teig gleichmäßig darauf streichen.
In den vorgeheizten Ofen auf die mittlere Schiene schieben.
Backzeit: 15 Min.
Elektroherd: 200 °C

Blech aus dem Ofen nehmen. Biskuit auf einen Kuchendraht stürzen, Pergamentpapier abziehen, Biskuit abkühlen lassen und die Ränder gerade schneiden.
In der Zwischenzeit Weintrauben in kaltem Wasser waschen. Abtropfen lassen und die Beeren von den Stielen zupfen. Beeren halbieren und entkernen, Sahne in einer Schüssel steif schlagen. Mit Vanillinzucker süßen. Die Hälfte der Sahne in einen Spritzbeutel füllen und in den Kühlschrank legen. Restliche Sahne gleichmäßig auf der Teigplatte verteilen. Dann mit einem scharfen Messer in 4 cm breite und 7 cm lange Schnitten schneiden. Abgetropfte Weintraubenhälfte dicht drauflegen. Mit dem Spritzbeutel Sahnetupfer draufsetzen. Butter in einer Pfanne erhitzen. Mandeln darin in 2 Min. goldgelb rösten. Abkühlen lassen und auf die Sahnetupfer streuen. Schnitten sofort servieren oder bis zum Servieren in den Kühlschrank stellen.

# Windbeutel

**Zubereitung:**

Wasser und Salz in einem Topf zum Kochen bringen. Topf von der Platte nehmen. Butter, Mehl und ein Ei auf einmal hineingeben und verrühren. Schnell in den noch heißen Teig rühren, stehen lassen. Die restlichen Eier nach und nach unterrühren, bis der Teig schwer reißend vom Löffel fällt. Teig in einen Spritzbeutel füllen und kleine Haufen auf ein mit Wasser abgespültes Backblech spritzen.
Im vorgeheizten Ofen bei 220 °C 35 Min. backen. 10 Min. nicht den Ofen öffnen!
Die erkalteten und aufgeschnittenen Windbeutel mit der Mischung aus Sahne, Zucker und Mandarinen füllen.

¼ l Wasser
1 Prise Salz
50 g Butter
150 g Mehl
4 – 5 Eier

**Füllung:**
½ l Sahne
1 EL Zucker
1 kleine
Dose Mandarinen

Romantik am Lagerfeuer

Grillen liegt im Trend der Zeit. Aufgrund der geänderten Verzehrgewohnheiten grillen wir nicht nur Würstchen und Bauchspeck. Auch Schweinenackensteaks, Rindersteaks, Geflügel, Gemüse und Käse landen auf dem Grill.
Die Vielfalt wird immer größer und die Beilagen werden angepasst und bestehen oft nur aus Brot und Kartoffeln.

In der Zeit, in der überwiegend Würstchen und Bauchfleisch gegrillt wurden, gab es dagegen ein reichhaltiges Angebot an Beilagen. Diese bestanden oft aus angemachten Salaten, weil sie sättigend waren und gut vorbereitet werden konnten.
Um dem Trend gerecht zu werden und eine große Personenzahl „begrillen" zu können, entstand unser Bruchsteingrill im Garten unter der Linde.
So konnten wir im Sommer bei schönem Wetter ein Abendessen pro Woche durch eine Grillmahlzeit ersetzen.

In diesem Kapitel stelle ich Ihnen ein paar der beliebtesten Rezepte unserer Gäste für Grillsalate, Füllungen und Brot vor.

# *Backkartoffeln*

*mit verschiedenen Füllungen*

**Sahnefüllungen:**
8 EL saure Sahne
100 g geräucherter Schinken
3 EL fein geschnittener Lauch
8 EL saure Sahne
8 fein gehackte Sardellenfilets
1 fein gehackte Zwiebel
3 EL fein gehackte Kresse

Die Zutaten jeweils gut vermischen.

**Zaziki:**
250 g Quark
250 g Joghurt
4 EL Olivenöl
2 EL Essig
Salz, Pfeffer
2 Knoblauchzehen
2 Bd. Dill
400 g Gurken

**Zubereitung:**

Große Kartoffeln auswählen.
Kartoffeln unter fließendem Wasser gut bürsten und jede einzelne, nicht zu eng, in Alufolie packen, ca. 1½ Stunden im vorgeheizten Ofen bei 200 °C backen.
Die fertigen Kartoffeln durch die Folie mit spitzem Messer kreuzweise einschneiden und vorsichtig ein bisschen vom Kartoffelschnee herausdrücken. Sahnesaucen darüber verteilen.

Quarkfüllungen: Alle Zutaten verrühren, die Kräuter fein hacken und unterziehen.

Zaziki: Alle Zutaten verrühren, die Knoblauchzehen zerdrücken, den Dill zerkleinern und beides in den Dip geben. Die Gurken schälen, entweder grob raspeln oder in sehr kleine Würfel schneiden. Mit dem Dip vermengen und kalt stellen.

**Quarkfüllungen:**
Kräuterquark
250 g Magerquark
1 EL Gewürzgurkenwasser
1 TL Senf
Pfeffer, Salz
Paprikapulver
1 EL Petersilie
1 EL Schnittlauch
1 EL Kresse

# *Walnuss-Ciabatta*

**Zutaten:**
500 g Weizenmehl
Type 550
½ Würfel Hefe (20 g)
50 g Walnusskerne
2 EL Olivenöl
nativ extra
2 TL Salz
Mehl zum Arbeiten

**Zubereitung:**

Das Mehl in eine Schüssel geben, die Hefe mit knapp 300 ml warmem Wasser anrühren, 15 Min. ruhen lassen. Die Walnusskerne klein brechen und Hefewasser, Walnusskerne mit Olivenöl und Salz unter das Mehl mischen. Kräftig kneten und zugedeckt 2 Stunden gehen lassen. Den Teig mit Mehl bestreuen, nochmals durchkneten und zu zwei Rollen formen. Die Rollen an beiden Enden packen und zu länglichen Broten ziehen. Auf ein Backblech mit Backpapier legen, mit einem leicht angefeuchteten Tuch abdecken und 30 Min. gehen lassen, bis die Brote doppelt so dick sind.
Den Backofen auf 250 °C (Umluft 225 °C) vorheizen und die Ciabatta im heißen Ofen (Mitte) in ca. 25 Min. mittelbraun backen. Während des Backens mehrmals kräftig mit Wasser besprühen. Auf einem Kuchengitter abkühlen lassen.

**Mein Tipp:**

Anstelle der Walnüsse lassen sich sehr gut Oliven einbacken. Dazu 50 g entsteinte schwarze Oliven nach der ersten Gehzeit untermischen, sonst färben sie den Teig schwarz.

# *Weizenvollkornbrot hell*

**Zutaten:**
40 g Hefe
½ TL Zucker
½ Tasse lauwarmes Wasser
500 g Weizenmehl Typ 405
250 g Weizenschrot Type 1700 fein
1 – 2 TL Salz
Mehl zum Bestäuben
Fett für das Backblech
1 Tasse heißes Wasser für den Backofen

**Zubereitung:**

Mehl in eine Backschüssel sieben. Die Hefe zerbröckeln und mit dem Zucker in der halben Tasse Wasser auflösen. In das Mehl eine Vertiefung drücken, die aufgelöste Hefe hineingeben und von der Mitte mit Mehl vermengen.
Nach und nach das Wasser und das Salz unter ständigem Kneten zugeben. Den Teig so lange bearbeiten, bis er sich vom Boden löst. Einen Kloß formen, mit Mehl bestäuben, mit einem Tuch zudecken und warm stellen. 30 – 40 Min. gehen lassen. Der Teig, wenn er sich verdoppelt hat, auf eine bemehlte Arbeitsfläche geben, gut durcharbeiten und in Leibe formen. Mit dem Schluss nach oben legen, zudecken und nochmal gehen lassen.
Die Brotleibe 3 – 5-mal quer einschneiden.
In den vorgeheizten Ofen in untere Schiene schieben, Tasse mit heißem Wasser auf den Boden gießen oder dazustellen.
Ca. 40 Min. backen. 15 Min. vor dem Ende der Backzeit die Ofenklappe einen Spalt öffnen, damit der Schwaden entweichen kann.
Backzeit: 225 °C, 40 Min. und mehr.

**Mein Tipp:**

Um gleichmäßige Scheiben zu erhalten, kann das Brot auch in Kastenformen gebacken werden.

Das Brot ist gar, wenn es beim Anklopfen des Bodens hohl klingt.

# *Bayerischer Wurstsalat*

**Zubereitung:**

Fleischwurst häuten, längs halbieren und in feine Streifen schneiden. Zwiebeln schälen. In feine Ringe schneiden, Tomaten abziehen und in Scheiben schneiden. Alle Zutaten miteinander mischen.
Marinade aus Öl, Salz, Senf, Essig und Wasser rühren. Mit der Pfeffermühle kurz darüber mahlen. Würzig abschmecken. Salat kalt stellen und gut durchziehen lassen.

**Zutaten:**
250 g Fleischwurst
200 g Zwiebeln
200 g Tomaten

**Marinade:**
5 EL Öl
Salz
1 EL Senf
4 EL Essig
5 EL Wasser
Pfeffer

# *Grüner Salat*

**Zutaten:**
1 Kopf Salat

Salatsoße:
1 Zitrone
1 ½ EL Zucker
3 EL Dickmilch
1 EL Öl

**Zubereitung:**

Die äußeren Blätter des Salates entfernen, den übrigen Salat in kleine Stücke zerpflücken, waschen und gut abtropfen lassen.
Für die Salatsoße die Dickmilch mit dem Zucker in einer Schüssel verrühren. Mit Zitronensaft abschmecken. Den abgetropften Salat in die Soße geben, mit dem Salatöl beträufeln und untermengen.

**Mein Tipp:**

Statt der Dickmilch kann je nach Geschmack auch Naturjoghurt oder süße Sahne verwendet werden.

Der Salat darf erst kurz vorm Verzehr vermengt werden, da die Salatblätter sonst zusammenfallen.

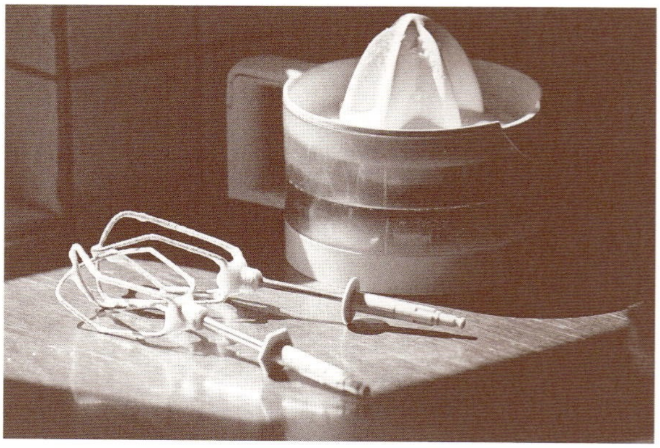

**Zubereitung:**

Kartoffeln pellen und in Scheiben schneiden. Die Zutaten für die Marinade verrühren, mit den Kartoffelscheiben mischen und abschmecken. Vor dem Anrichten mit zerkleinerten Kräutern bestreuen.
Mit Eierscheiben, Tomaten und Gurken oder Radieschen garnieren.

**Mein Tipp:**

Als Veränderung kann man auch 150 g Schinkenspeck in Würfel schneiden, auslassen und statt Öl zuletzt über die Kartoffeln geben.

Kartoffelsalat ist bekömmlicher, wenn er noch warm gereicht wird.

**Zutaten:**
1 ½ kg Pellkartoffeln

**Marinade:**
¼ l heiße Brühe
3–4 EL Weinessig oder Kräuteressig
4–6 El Öl
1 Zwiebel
Senf nach Belieben
Zucker nach Belieben
Salz, Pfeffer, Paprika

Kräuter
1 hart gekochtes Ei
Tomate, Gurke, Radieschen

# *Möhren-Apfel-Rohkost*

**Zutaten:**
500 g Möhren
250 g Äpfel
3 EL Salatöl
1 – 2 EL Zitronensaft
Salz, Zucker

**Zubereitung:**

Die Möhren schälen, waschen und auf der Reibe zerkleinern. Die Äpfel schälen, vom Kerngehäuse befreien und ebenfalls reiben. Öl, Zitronensaft, Salz und Zucker in einer Schüssel gut verrühren. Möhren und Äpfel hinzugeben, evtl. noch mit Zucker nachschmecken.

**Mein Tipp:**

Äpfel sofort mit Zitronensaft übergießen, da sie sonst braun werden. Auch wird der Salat nicht so schnell weich, wenn die Äpfel etwas größer gerieben werden als die Möhren.

# *Rote-Bete-Salat*

**Zubereitung:**

Sauerkraut mit zwei Gabeln lockern, evtl. klein schneiden. Gewaschene Rote Bete und Zwiebeln schälen, Äpfel waschen, vierteln und vom Kerngehäuse befreien. Rote Bete, Äpfel und Zwiebeln auf der Rohkostreibe oder im Schnitzelwerk fein raffeln. Für die Marinade die angegebenen Zutaten miteinander vermischen, über die Salatzutaten gießen und den Salat durchziehen lassen.

**Zutaten:**
200 g Sauerkraut
300 g Rote Bete
1 Zwiebel
200 g Äpfel

Marinade:
2 EL Keimöl
1 – 2 EL Weinessig
2 EL Wasser
Salz, Zucker

# Rotkohlrohkost

**Zubereitung:**

Den geschnittenen Kohl mit kochendem Wasser übergießen und weich stampfen. Die Marinade dazugeben und durchziehen lassen.

**Zutaten:**
4 Tassen sehr fein geschnittener Rotkohl

**Marinade:**
3 EL Keimöl
Saft einer ½ Zitrone
Saft einer Apfelsine
Salz, Zucker

# Weißkohlrohkost

**Zutaten:**
1 Kopf Weißkohl

**Salatsud:**
200 ml Zitronenessig
50 ml Öl
200 g Zucker
1 EL Salz

**Zubereitung:**

Den Weißkohl putzen und sehr fein hobeln.

Für den Salatsud die Zutaten aufkochen und über den geschnittenen Kohl gießen. Den Salat vermengen und durchziehen lassen.

# *Rumänischer Salat*

**Zutaten:**
125 g gekochte Eiernudeln
125 g Hartwurst
500 g grüne Bohnen aus der Dose
250 g Tomaten
1 rote Paprikaschote
1 grüne Paprikaschote
1 Kopf grüner Salat

**1 Tasse Salatsoße:**
½ Tasse Mayonnaise und 8 EL Sahne mit dem Saft einer Zitrone, 2 EL Wasser, 2 EL gewiegter Petersilie, 2 EL gewiegten Billblättern, 1 TL Sardellenpaste und 1 gestr. TL Zucker glatt rühren.
(Die Sahne muss steif geschlagen sein.)

**Zubereitung:**

Die Eiernudeln in eine Schüssel geben.
Die gewürfelte Hartwurst mit den Bohnen zu den Eiernudeln geben. Die Tomaten kreuzweise einritzen, mit kochendem Wasser überbrühen und 2 Min. im Wasser liegen lassen. Die locker aufgesprungene Tomatenhaut völlig abziehen. Die Tomaten halbieren, Saft und Kerne herausdrücken und die Tomatenhälften würfeln.
Die Tomatenwürfel ebenfalls zu den Nudeln, der Hartwurst und den Bohnen geben und alles mit der Salatsauce übergießen. Den Salat einige Minuten durchziehen lassen. Die Paprikaschoten halbieren und vom Kerngehäuse befreien. Die Schotenhälften waschen und in feine Streifen schneiden. Den grünen Salat putzen, zerteilen, waschen und abtropfen lassen. Portionsteller mit Kopfsalatblättern und Paprikaschotenstreifen auslegen und den Rumänischen Salat darauf anrichten.

# *Sauerkrautsalat „Halbmond“*

**Zubereitung:**

Den Käse mit Öl, 8 EL Mandarinensaft, Salz und Zucker verrühren und abschmecken. Die abgetropften Mandarinen in das etwas zerpflückte Sauerkraut geben. Zuletzt den ungeschälten, grob geraspelten Apfel darunter mengen. Gut durchziehen lassen und nochmals abschmecken. Mit gehackter Petersilie bestreut servieren.

**Zutaten:**
2 Milkana - Cortina
(weicher Käse)
2 EL Speiseöl
1 Dose Mandarinen
1 Pr. Salz, Zucker
375 g Sauerkraut
1 gr. Apfel
Petersilie

# *Schweizer Zwiebelsalat*

**Zutaten:**
4 gr. Zwiebeln
6 EL ÖL
1 gestr. TL Paprika
100 g Schweizer Käse
1 gestr. TL Salz
6 EL Weißwein
1 gestr. TL Zucker
½ TL Pfeffer

**Zubereitung:**

Die Zwiebeln schälen und in feine Scheiben schneiden, die in Ringe zerfallen können. Die Zwiebeln in einer Pfanne mit dem Öl und dem Paprikapulver unter häufigem Rühren gleichmäßig goldbraun werden lassen und abkühlen lassen. Den Pfanneninhalt mit dem Öl in eine Schale geben. Den Schweizer Käse in feine Stifte schneiden. Die Käsestifte mit dem Salz, dem Weißwein, dem Zucker und dem Pfeffer unter die Zwiebelscheiben mengen und den Salat nicht zu kalt servieren.

**Rehrücken mit gebackenem Obst**

Wenn auf den Höfen Besuch angekündigt war, gab es ein „gutes“ Essen, das dann auch im Esszimmer und nicht in der Küche eingenommen wurde. Dazu wurde das feine Geschirr aus dem Schrank geholt und eine Tafel eingedeckt.

Auf dem Forellenhof hat sich hieraus das Sonntagsmenü entwickelt, das durch verschiedene Braten bestimmt war. Es wurde mit der Zeit auch üblich, ein Festessen für Familienfeiern bei mir zu bestellen.
Der köchelnde Suppentopf mit einer guten Kraftbrühe aus Rindsknochen, Suppenfleisch und Suppengemüse war für mich als Grundlage für Suppen und Soßen ein fester Bestandteil der warmen Küche und besonders für die Zubereitung von Festessen nicht wegzudenken.
Diese Erkenntnis brachte ich schon aus meiner Lehrzeit in der Hotelküche mit.

Ein festliches Menü ist wieder zeitgemäß, nicht nur zu Weihnachten. Allerdings stelle ich in Gesprächen oft fest, dass der Begriff „Braten“ bei vielen Jüngeren eine gewisse Unsicherheit auslöst. Das muss gar nicht sein, allerdings ist der Braten nichts für Kurzentschlossene. Man kann am Vortag das Bratenstück anbraten, mit dem Saft übergießen und dann im Bratentopf über Nacht abkühlen lassen. Hierdurch kühlt der Braten bei Niedrigtemperatur über Stunden sehr langsam ab. Durch diesen Prozess entsteht der saftige und zarte Braten. Am nächsten Tag muss ich dann nur noch den Braten zur gewünschten Zeit zu Ende garen.

Probieren Sie es aus, sie werden in der Lage sein, mit geringem Aufwand einen Festtagsbraten zu erstellen, der mit schönen Beilagen und einem besonderen Dessert das Essen abrundet.

# *Rindssuppe mit Einlage (Hochzeitssuppe)*

**Zutaten:**
375 g Rind- oder Ochsenfleisch
250 g Rinderknochen (Markknochen)
1 Möhre,
$^1/_2$ Porreestange
$^1/_8$ Sellerieknolle
1 Zwiebel
20 g Fett zum Anrösten
2–3 l Wasser
Salz

**Einlage Eierstich:**
2 Eier
4 EL Milch
Salz, evtl. 1 Pr. Muskat

**Einlage Markklößchen:**
80 g Rindermark (oder halb Mark und halb Butter)
1–2 Eier
80–100 g Semmelbrösel
Salz, Muskat
½ Zwiebel
Petersilie

**Zubereitung:**

Die klein gehackten, gewaschenen Knochen im heißen Fett mit dem Wurzelwerk und der Zwiebel anbraten, mit kaltem Wasser aufgießen. Das gewaschene Fleisch (Rose, Zwergrippe, Beinrolle, Brustkern) zugeben, salzen, ankochen und dann nur noch ziehen lassen. Die Brühe bleibt klar, wenn der Schaum, der sich nach dem Ankochen abgesetzt hat, mit dem Schaumlöffel abgenommen wird und die Brühe nicht mehr kocht.
Damit es eine kräftige Brühe wird, sollte sie mindestens 6 Stunden auf ganz kleiner Stufe ziehen lassen.
Das Fleisch herausnehmen und die Brühe durch ein feines Sieb geben und abschmecken.
Als Einlage kommen Eierstich, Markklößchen und frische gehackte Petersilie in die Suppe, heiß servieren.
Wer noch Nudeln zugeben möchte, kann eine ganz kleine Sorte (z. B. Sternchen, Fäden, Buchstaben, usw.) zuvor im Wasser bissfest garen, und in die Suppentassen füllen, damit die Suppe nicht milchig wird.
Für den Eierstich Eier, Milch und Salz verquirlen und in heißem Wasserbad ziehen lassen. Nicht kochen. Wenn der Eierstich gar ist, auskühlen lassen und in feine Würfel schneiden.
Für die Markklößchen das zerkleinerte Mark in der Pfanne zergehen lassen und durchseihen. Schaumig rühren und das temperierte Ei und nach und nach die Semmelbrösel, Salz und Muskat zugeben. Feingewiegte Zwiebel und Petersiliengrün in etwas Butter dämpfen, zur Masse rühren und eine Weile stehen lassen. Kleine runde Klößchen formen und in der Brühe 8–10 Minuten ziehen lassen.

# *Königinsuppe*

**Zubereitung:**

Aus Butter und Mehl eine helle Einbrenne herstellen (siehe Spargelcremesuppe), mit Hühnerbrühe langsam auffüllen, gut durchkochen lassen und die abgekochten Spargelköpfchen und das Fleisch dazugeben. Rahm und Eigelb verquirlen und unter Rühren in die heiße Suppe geben. Jetzt nicht mehr kochen lassen. Mit Wein oder Zitronensaft abschmecken.

**Zutaten:**
40 g Butter
30 g Mehl
1 ¼ l Hühnerbrühe
2 EL Rahm
1 Eigelb
klein gewürfeltes Hühnerbrustfleisch
Spargelköpfchen
2 EL Weißwein oder
1 EL Zitronensaft

**Hilde und Rudolf Diekmeier, Mai 1957**

# *Spargelcremesuppe*

**Zutaten:**
250 g Spargel
½ l Wasser
Salz
40 g Margarine
oder Butter
40 g Mehl
1 l Flüssigkeit (Spargelbrühe und Wasser)
1 Eigelb
3 EL süße Sahne
1 Pr. Zucker

**Zubereitung:**

Den Spargel waschen, von oben nach unten schälen und in 2 – 3 cm lange Stücke schneiden. Spargel mit Wasser und Salz ankochen und in 15 – 20 Minuten garen. Spargelbrühe abgießen und auffangen.
Für die Suppe das Fett erhitzen, das Mehl zugeben und unter ständigem Rühren hellgelb andünsten. Mit kalter Flüssigkeit unter Rühren ablöschen, aufkochen und 5 Minuten ziehen lassen.
Eigelb mit Sahne verrühren und in die nicht mehr kochende Suppe einrühren.
Mit Zucker, Zitronensaft und Salz abschmecken. Die Spargelstücke in die Suppe geben und in der Nachwärme erwärmen.

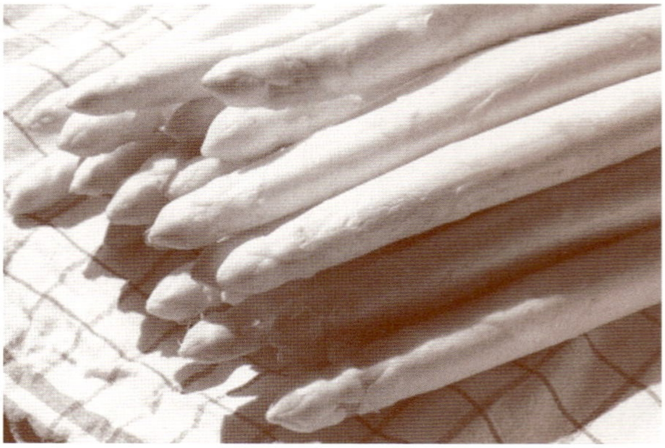

# *Klare Wildsuppe*

**Zubereitung:**

*für 6 Personen*

Das Wurzelwerk waschen, schälen und in grobe Stücke schneiden, die Zwiebel ebenfalls in grobe Stücke schneiden. Die Wildknochen hacken und den Speck in Würfel schneiden. Die Knochen in erhitztem Öl anbraten, Wurzelwerk, Speck und Zwiebel mitrösten. Das Fett abschütten und den Inhalt in einem Topf mit dem Wasser aufgießen. Die Gewürze bis auf das Salz beigeben. Langsam aufkochen lassen und den Schaum immer wieder abschöpfen. Die Suppe ca. 3 Stunden ziehen lassen und kurz vor der Fertigstellung mit Salz und Sherry abschmecken.

Als Einlage kann das gare Gemüse sehr fein in Streifen geschnitten in die Suppe gegeben werden.

**Zutaten:**

ca. 3 l Wasser
3 EL Öl
1,5 kg Wildknochen
150 g Wurzelwerk (Karotten, Sellerie und Lauch)
1 Zwiebel
50 g Speck
4 Wacholderbeeren
4 Pfefferkörner
1 Lorbeerblatt
1 Thymianstrauß
Salz
Sherry

# *Rehrücken mit gebackenem Obst*

*für 6 Personen*

**Zutaten:**
1 ½ kg Rehrücken
75 g Speck
Salz, Pfefferkörner
einige ausgedrückte
Wacholderbeeren
1 Lorbeerblatt

**Zum Braten:**
100 g Butter
½ l Flüssigkeit
¼ l saurer Rahm
2 TL Stärkemehl
zum Binden
nach Belieben:
1 Gl. Rotwein

**Garnierung:**
Birnen, Pfirsiche gefüllt
mit Preißelbeeren

Ananas, Bananen
1 Ei
Paniermehl

**Zubereitung:**

Rehrücken mit Tuch abreiben, häuten, mit Speck belegen. Mit Salz, Pfeffer und zerdrückten Wacholderbeeren einreiben. In heißem Fett anbraten. Die weiteren Gewürze hinzugeben. Flüssigkeit nach und nach zugeben und unter häufigem Begießen bei nicht zu starker Hitze im Backofen braten. Stärkemehl mit etwas Rahm glatt rühren und Soße damit binden.
Den übrigen Rahm dazugeben, mit Rotwein abschmecken. Beim Zerlegen mit einem scharfen Messer die beiden Seiten vom Rückgrat ablösen. Das Fleisch in schräge Scheiben schneiden, der Form nach auf dem Rückgrat wieder zusammensetzen. Auf großer vorgewärmter Platte anrichten. Mit Soße übergießen.
Der Rehrücken wird mit gebackener Ananas, geb. Bananen, mit gefüllten Birnen, Kirschen und Pilzkörbchen garniert.

**Ausbackteig für Pilzkörbchen**
125 g Mehl
1 Ei
Salz
⅛ l Milch
Pfifferlinge

Die heiße Form in den Teig halten und im heißen Fett ausbacken. Mit Pilzen füllen.

# *Rinderrouladen*

**Zubereitung:**

Die küchenfertigen Rouladen auf die Arbeitsfläche legen und mit Salz und Pfeffer bestreuen, dann dünn mit Senf bestreichen. Mit den Zwiebelringen, Gurken- und Speckstreifen belegen, aufrollen und mit Rouladennadeln oder Holzspießchen zusammenstecken.
Das Fett erhitzen und die Rouladen darin von allen Seiten gut bräunen. Wasser angießen und 50–70 Minuten schmoren. Die Rouladen herausnehmen und warm halten. Den Soßenfond mit Wasser auffüllen, aufkochen, mit angerührtem Mehl binden und abschmecken. Etwas Sahne oder Crème fraîche zufügen.

**Zutaten:**
4 Rouladen vom Rind
Salz, Pfeffer, Senf
2 Zwiebeln in Ringen
50 g Speckstreifen
1–2 Gewürzgurken in Streifen
30 g Bratfett
1/8 l Wasser
Mehl, saure Sahne oder Crème fraîche

**Mein Tipp:**

Bereitet man eine größere Anzahl Rouladen zu, ist es günstiger sie in 2 Portionen anzubraten, damit sie schneller braun werden.

# *Rinderschmorbraten*

**Zutaten:**
1 Rindsbraten
80 g Bratfett
etwas Salz
1 Zwiebel
1 Tomate nach Belieben
$^1/_8$ l süße oder
saure Sahne
$^1/_8$–$^3/_8$ l Wasser
1 EL Gustin und
1 TL Mehl
1 EL kaltes Wasser
zum Anrühren

**Zubereitung:**

Das Fett erhitzen, das Fleisch hineinlegen, es im offenen Topf von allen Seiten gut bräunen und dann salzen. Die zerkleinerte Zwiebel und die gewaschene, in Stücke geschnittene Tomate kurz mit erhitzen. Die Sahne über das Fleisch gießen und mit offenem Bräter in den vorgeheizten Backofen stellen.
Nach ca. 10 Minuten, wenn die Sahne leicht gebräunt ist, vorsichtig vom Rand aus heißes Wasser zugießen, vorerst nur $^1/_8$ l. Das Fleisch auf ca. 200 °C im zugedeckten Topf schmoren lassen und es von Zeit zu Zeit wenden. Verkochtes Wasser ersetzen. Wenn das Fleisch gar ist, es aus der Flüssigkeit nehmen und warm stellen.
Die Soße nach Bedarf aufgießen, nochmals durchkochen lassen und mit dem angerührten Gustin und Mehl binden. Nochmals abschmecken, evtl. mit Sahne verfeinern.
Schmorzeit: ca. 2 ½ Std.

# *Schweinenackenbraten*

**Zubereitung:**

Etwas Wasser im Topf erhitzen, den Nacken darin anbraten (wobei das Wasser stets zu erneuern ist). Die Zwiebel schälen und vierteln, die Tomate überbrühe und abziehen. Beides zum Fleisch geben. Sobald der Braten schmort, das Salz hinzugeben.
Den braunen Nacken mit Wasser aufgießen, die Gewürze zugeben und mit geschlossenem Deckel gar schmoren. Danach den Braten herausnehmen und warm stellen. Den Bratensaft, wenn nötig, auffüllen und mit dem angerührten Mehl und Kartoffelmehl binden. Anschließend die Soße durchsieben.

**Zutaten:**
1 kg Schweinenacken
Salz
1 Zwiebel
1 Tomate
Paprika, Pfeffer
1 Lorbeerblatt
2 Nelken,
etwas Rosmarin
Basilikum
½ l Wasser
1 EL Mehl
1 EL Kartoffelmehl
1 EL Mehl

# *Weihnachtsgans*

**Zutaten:**
1 Gans
(mindestens 3 kg)

Salz
6 säuerliche Äpfel
(Boskop)
Zitronensaft
50 g Rosinen
¼ l Wasser
Speisestärke

**Zubereitung:**

Die vorbereitete Gans waschen, abtrocknen und innen kräftig salzen. Für die Füllung die Äpfel schälen, vierteln, in Scheiben schneiden und mit Zitronensaft überträufeln. Mit den Rosinen vermischen und die Masse in die Gans füllen. Die Gans zustecken oder zunähen und mit der Brust nach unten in den Bräter legen. Wasser zufügen und bei geschlossenem Topf braten. Den Braten fleißig mit der Soße begießen.

Die Gans nach einer Stunde wenden, dann unterhalb der Keulen die Haut einstechen, damit das Fett heraustritt. Dabei nur die Haut und nicht das Fleisch einstechen, damit das Fleisch nicht trocken wird. Das Fett, wenn nötig abschöpfen, und nach Bedarf Wasser zugeben.

10 Minuten vor Ende der Garzeit die Gans mit Salzwasser bestreichen und bei erhöhter Temperatur schön knusprig braten. Dazu die Gans am besten auf den Rost der Fettpfanne legen.

Nach dem Braten den Bratenfond entfetten, mit Wasser auffüllen, aufkochen, mit der angerührten Speisestärke binden und abschmecken.
Garzeit: 2–3 Stunden bei ca. 200 °C.

Die Gans öffnen, die Füllung herausnehmen und heiß stellen. Die Gans tranchieren und mit der Soße anrichten.
Beilagen: Kartoffelklöße, Rotkohl, Apfelfüllung oder Apfelmus.

**Mein Tipp:**

Das Gänsefett eignet sich sehr gut zur Zubereitung des Rotkohls oder auch als Streichfett (Gänseschmalz) auf Vollkornbrot mit Harzer Käse.

# *Wildschweinkeule mit Rotkohl und Kroketten*

**Zubereitung:**

Küchenfertige Wildschweinkeule mit einem Tuch abreiben und mit Speck belegen. Mit Pfeffer und zerdrückten Wacholderbeeren einreiben. In heißem Fett anbraten. Möhre, Lorbeerblatt, Brotkruste und Tomate ebenfalls zugeben. Nun die Flüssigkeit nach und nach angießen und unter häufigem Begießen bei nicht zu starker Hitze im Backofen braten. Nach ca. ½ Stunde von allen Seiten salzen. Je nach Gewicht 2–3 Stunden garen.
Wildschweinkeule herausnehmen und warm stellen. Für die Soße die Bratenflüssigkeit durchsieben, Stärkemehl mit etwas Rahm glatt rühren und Soße damit binden. Den übrigen Rahm dazugeben, mit Rotwein abschmecken. Das Fleisch von der Keule lösen und in Scheiben schneiden. Auf großer, vorgewärmter Platte anrichten, mit Soße überziehen. Gedünstete Champignons oder Steinpilze auf den Braten geben.

**Zutaten:**
1 Wildschweinkeule
100 g Speckscheiben
Salz
Pfefferkörner
zerdrückte Wacholderbeeren
1 Lorbeerblatt
1 kl. Möhre
1 Brotkruste

zum Braten:
100 g Butterschmalz
½ l Flüssigkeit
¼ l saurer Rahm
2 TL Stärkemehl
nach Belieben
1 Gl Rotwein

**Mein Tipp:**

Bei einem älteren Stück Wild kann man das Fleisch sehr gut in einer Buttermilchbeize einlegen.
Dazu am Vortag in einer Schüssel 2l Buttermilch mit den Wildgewürzen und Kräutern der Provence vermischen, das Fleisch einlegen und begießen. Abgedeckt und kühl stehen lassen.
Das Fleisch vorm Braten gut abtropfen lassen, da zu viel Beize beim Anbraten verbrennt.
Beim Braten mit der Flüssigkeit auch vorsichtig etwas Beize zugeben.

# Schokoladencreme

*für 10 – 12 Personen*

**Zutaten:**
½ l Milch
¼ l süße Sahne
300 g Blockschokolade
Zucker nach Belieben
8 Blatt w. Gelatine

¾ l geschlagene Sahne

**Zubereitung:**

Für die Schokoladencreme die Milch mit der Sahne erhitzen und die Blockschokolade darin schmelzen. Nach Belieben Zucker zufügen.
Die nach Vorschrift aufgelöste Gelatine unterziehen und die Masse kalt stellen, bis sich mit dem Löffel Straßen ziehen lassen.
Die geschlagene Sahne vorsichtig unterheben und in Portionsschälchen oder 2 – 3 große Glasschalen ausfällen.
Kühl stellen und vor dem Servieren mit Sahnetupfern und Schokoblättern oder geriebener Blockschokolade garnieren.

# Weingelee

**Zutaten:**
1 l Milch
350 g Zucker
½ l Weißwein
2 P. rote Gelatine
Zitronensaft nach Geschmack

**Zubereitung:**

Am Tag zuvor die Milch mit dem Zucker aufkochen und wieder kalt werden lassen.
Bei der Zubereitung erkaltete Milch, Weißwein und Zitronensaft vermischen und die Gelatine nach Herstellerangabe unterrühren.
In Gläser oder Schalen füllen, kalt stellen und nach dem steif werden mit Sahne garnieren.

**Mein Tipp:**

Die erhitzte Gelatine darf nicht sofort in die ganze Masse gerührt werden, sonst zieht sie Fäden.

# Erdbeercreme

**Zutaten:**
375 g Erdbeeren
Zucker nach Geschmack
1 Pck. Vanillinzucker
4 Blatt rote Gelatine
2 EL Wasser
¼ l Schlagsahne

**Zubereitung:**

Die Erdbeeren roh pürieren oder im Mixer zerkleinern. Die Fruchtmasse mit dem Zucker abschmecken. Gelatine nach Vorschrift auflösen, unterrühren und die Speise kalt stellen. Sahne steif schlagen und unterheben, nachdem die Speise dicklich geworden ist.
Creme mit zurückgelassener Sahne und Beeren verzieren.

**Mein Tipp:**

Statt frischer Beeren können eingefrorene Früchte verwendet werden, diese dann angetaut pürieren.

Als Veränderung können für eine Himbeercreme 375 g Himbeeren verwendet werden.

Treffen der Auszubildenden, 1985

# *Welfenspeise*

**Vanilleflammeri:**
½ l Milch
40 g Stärkemehl
40 g Zucker
½ Stange Vanille
4 Eiweiß

**Weinschaum:**
4 Eigelb
80 g Zucker
¼ l Weißwein
1 EL Zitrone
1 EL Speisestärke

**Zubereitung:**

Für den Vanilleflammeri die Vanilleschote längs halbieren und das Mark herausschaben.
Etwas Milch zurücklassen und mit dem Stärkemehl verrühren. Die übrige Milch mit dem Zucker, Vanillemark und -schote ankochen. Vanilleschote herausnehmen. Das angerührte Stärkemehl hinzugeben und ½ Min. durchkochen lassen. Eiweiß Steif schlagen und unter die kochende Masse ziehen. Durchkochen lassen. Die Speise in einzelne Gläser füllen und kalt stellen.

Für den Weinschaum alle Zutaten in einem hohen Kochtopf verrühren und abschlagen, bis die Masse schaumig wird und hochsteigt. Den Kochtopf sofort von der Platte nehmen und etwas abkühlen lassen. Die Creme darf nicht mehr nach Stärke schmecken!
Den Weinschaum über die Vanillemasse füllen, kalt stellen, mit Sahne und Schokolade verzieren.

# Zitronen-Orangencreme

**Zubereitung:**

Eigelb und Zucker schaumig rühren, den Saft zu einem ¼ l auffüllen. Die Flüssigkeit langsam unterrühren. Ein paar Esslöffel Flüssigkeit heiß machen und die eingeweichte und gut ausgedrückte Gelatine darin auflösen und vorsichtig unter die Creme ziehen. Kalt stellen, bis man mit dem Löffel Furchen ziehen kann und dann erst den Eischnee unterziehen.
In Schälchen oder Gläser füllen und mit Sahne und Schokoladenstreuseln garnieren.

**Zutaten:**
4 Eigelbe
100 – 150 g Zucker
2 Zitronen
1 Apfelsine (im Ganzen ¼ l Flüssigkeit)
4 Blatt Gelatine
4 Eischnee

**Mein Tipp:**

Die Creme kann mit geschlagener Sahne, die mit dem Eischnee untergezogen wird, noch verfeinert werden.
Bei einem 1/8 l Sahne müssen 2 Blatt Gelatine mehr genommen werden.

Zwischen zwei Treiben

Wer glaubt, dass in der Regel ein Jagdessen durch Wildbret bestimmt wird, der irrt. Selten wird nach einem Jagdtag Wild auf dem Speiseplan angeboten. Dieses hat verschiedene Gründe. Die Jagdgesellschaft, wenn sie den Jagdtag beendet hat, kommt auf den Hof zurück und hat in der Regel ordentlich Hunger. So musste das Menü für die Jagdgesellschaft beim sogenannten „Schüsseltreiben" reichhaltig und gut sein. Da das Jagdessen aber auch nicht zu teuer sein durfte, wurde nie Wildbret verwendet. Zudem haben die meisten Jäger über das Jahr immer wieder eigene Wildspeisen auf dem Tisch. Bei uns in Schwelentrup wird zusätzlich während eines langen Jagdtages eine deftige und wärmende Suppe zur Mittagspause an Ort und Stelle gebracht.
Je nach Landstrich oder Vorlieben der Küche haben bestimmte Menüs beim Schüsseltreiben ihre Tradition und werden Jahr für Jahr wieder angeboten. Auf dem Forellenhof gibt es zwei Klassiker zum Schüsseltreiben. Das eine ist Grünkohl mit Kohlwurst und das andere ist Kasseler mit Sauerkraut.
Übrigens gab es das Jagdessen nie als Menü, eher eine Besonderheit auf dem Hof, aber die Jäger wollten sich nicht lange mit einer Suppe aufhalten oder gar noch etwas Platz für ein Dessert lassen. So war es, und so ist es bis heute geblieben.

Neben den genannten Jagdessen habe ich noch einige Wildrezepte ergänzt. Es sind vor allem Rezepte, die auch in einem kleineren Haushalt sehr schön nachgekocht werden können. Bei der Beschaffung des Wildbrets wenden sie sich am besten an die örtlichen Jäger.

# Erbsensuppe

*für 6 Personen*

**Zutaten:**
250 g ungeschälte Erbsen
250 g geschälte Erbsen
3 Scheiben Eisbein

**Suppengrün:**
1 Porreestange
1/4 Sellerieknolle
3 Möhren
3 Stiele Maggikraut
2 l Wasser
Salz
2 Zwiebeln
4–6 Rauchenden
Gehackte Petersilie
Gehacktes Sellerielaub

**Zubereitung:**

Die ungeschälten Erbsen über Nacht einweichen.
Das Eisbein, das klein geschnittene Suppengemüse und die ungeschälten Erbsen mit dem Wasser auffüllen und 40–50 Min. kochen lassen. Nun die geschälten Erbsen, die gewürfelten Kartoffeln und Möhren dazugeben und nochmals 20 Min. kochen lassen. Wenn das Eisbein gar ist, würfeln und der Suppe wieder zufügen. Mit Salz, einer Prise Zucker und etwas Maggi abschmecken. Die gehackten Zwiebeln und die in Scheiben geschnittenen Rauchenden in einer Pfanne kurz anbraten. Alles in die Suppe geben, die Petersilie vorm Servieren einstreuen.

**Mein Tipp:**
Wer lieber eine sehr sämige Konsistenz mag und nicht so gern Erbsenspelzen isst, kann auch nur geschälte Erbsen nehmen und die sehr klein gewürfelten Kartoffeln sofort mit garen. Natürlich entfällt so auch das Einweichen!

# *Gulaschsuppe*

**Zubereitung:**

*für 8 – 10 Personen*

Das Gulasch in dem gewürfelten Speck von allen Seiten scharf anbraten. Die gehackten Zwiebeln zugeben, kurz mitbraten, mit etwas Flüssigkeit (Brühe) ablöschen.
Paprika in Streifen, Tomaten und Möhren würfeln, Porree in halbe Ringe schneiden, zugeben und mit der Brühe auffüllen. Die Gewürze zugeben und bei geschlossenem Topf 45 Min. garen. Champignons mit der Flüssigkeit und das Tomatenmark zugeben. Mit Mehl und Kartoffelmehl binden.
Abschmecken, Rotwein und Sahne zugeben. Mit den gehackten Kräutern servieren.

**Mein Tipp:**

Mit Hackbällchen verfeinern. Dazu 250 g Rinderhack würzen, kleine Bällchen formen und in der Suppe ziehen lassen.

**Zutaten:**
100 g durchwachsener Speck
500 g Gulasch (Rind und Schwein)
6 gr. Zwiebeln
2 rote Paprika
3 Tomaten u. 1 kl. Dose Tomatenmark
3 gr. Möhren
geschnittene Champignons (1 Dose)
1 Porreestange
2 l Rinds- oder Gemüsebrühe
Salz, Pfeffer, Paprika (edelsüß)
100 g Mehl und Kartoffelmehl gemischt
2 cl Rotwein
100 ml Sahne
Kräuter: Schnittlauch, Petersilie

# Reiteruppe

*für 8 – 10 Personen*

**Zutaten:**
1 kg Hackfleisch (gewürzt)
5 gr. Zwiebeln
1 kl. Glas rote Paprikastreifen
100 g Margarine
1 l Wasser
2 gr. Dosen Ochsenschwanzsuppe
1 gr. Dose geschnittene Champignons
1 gr. Dose Ananas in Stücken
2 kl. Dosen Tomatenmark
½ Flasche Tomatenketchup,
Salz, Pfeffer,
Paprika (edelsüß)
einige Spritzer Tabasco,
1 EL Currypulver
Viele Kräuter:
Schnittlauch, Petersilie,
Basilikum,
evtl. Currykraut

**Zubereitung:**

Für die Zubereitung gehackte Zwiebeln und Hackfleisch andünsten.
Alle Zutaten mit der Flüssigkeit zugeben, aufkochen und 15 Min. ziehen lassen.
Die Reitersuppe als Partysuppe kräftig abschmecken.
Mit den gehackten Kräutern servieren und dazu Baguette reichen.

**Mein Tipp:**

Die Reitersuppe ist in dieser Form eine schnell zu erstellende Partysuppe, die bei einer Treibjagd auch Jägern schmeckt.

# *Hühnersuppe mit Einlage*

**Zutaten:**
1 Suppenhuhn
Salz
1 ½ l Wasser
1 Petersilienwurzel
1 Möhre
oder Suppengrün
Salz
1 Bund Petersilie

**Zubereitung:**

Suppenhuhn waschen. Gut 1 ½ l lauwarmes Wasser aufsetzen, salzen, das ganze Huhn hineingeben und ankochen, in 90 Min. auf kleiner Stufe gar kochen. Petersilienwurzel und Möhre putzen, waschen und nach der halben Garzeit zufügen. Vor Ende der Garzeit des Huhns in die Brühe geben.
Das Huhn aus der Brühe nehmen und die Brühe durch ein Sieb gießen und wieder in den Kochtopf geben. Die Brühe erhitzen und abschmecken, mit zerkleinerten Kräutern bestreuen.
Das Huhn enthäuten, zerlegen, Knochen herauslösen und das Fleisch klein schneiden und wieder in die Hühnerbrühe geben.
Als Suppeneinlagen schmecken Reis, Nudeln, Eierstich oder Eierflocken.

**Mein Tipp:**

Die Hühnerbrühe bleibt klar, wenn der Schaum, der sich nach dem Ankochen abgesetzt hat, mit dem Schaumlöffel abgenommen wird.
Nur etwas klein gewürfeltes Brustfleisch in die Suppe geben, den Rest zu Hühnerfrikassee verarbeiten.

# *Grünkohl mit Kohlwurst und Bauchfleisch*

**Zutaten:**
1 kg Grünkohl
5 mittelgroße gewürfelte Zwiebeln
30 g Schmalz oder Öl
½ l Wasser
2 schwarze Pfefferkörner
1 gestr. EL Salz
1 gestr. TL Zucker
250 g geräuchertes Bauchfleisch
375 g Kohlwurst
2 EL Haferflocken

**Zubereitung:**

Schmalz zerlassen, den Kohl, die Zwiebeln, das Wasser und die Gewürze hineingeben. Das Bauchfleisch darauflegen, den Topf schließen und den Kohl etwa 1 Stunde lang kochen lassen. Die Kohlwurst mit einer Gabel einige Male einstechen und nach ½ Stunde Kochzeit zu dem Kohl geben.
Nach Belieben die Flüssigkeit im Kohl mit Haferflocken binden.

**Mein Tipp:**

Wer es nicht gern ganz so fett mag, kann das Bauchfleisch durch Kasseler-Nacken ersetzen.

# *Eisbein oder Kasseler mit Sauerkraut und Kartoffelpüree*

**Zubereitung:**

Kochendes Wasser mit den Gewürzen aufsetzen. Die Eisbeinscheiben darin gar kochen. Das Sauerkraut in dem Bauchspeck andünsten, Wacholderbeeren und etwas Brühe zugeben und 15 Minuten garen. Mit Himbeersaft abschmecken.

Die gekochten, heißen Kartoffeln durch eine Schneepresse geben. Ein Stückchen Butter und kochende Milch mit einem Schneebesen unterschlagen. Das Kartoffelpüree muss jedoch so fest bleiben, dass man es gut anrichten kann. Mit Petersilie bestreuen.

**Mein Tipp:**

Ist das Sauerkraut sehr herb, lässt sich der Geschmack sehr gut mit Himbeersaft verfeinern. Ebenfalls können Ananassaft und Ananasstückchen zur Geschmacksverfeinerung beitragen.

**Zutaten:**
4 Scheiben Eisbein
1 Zwiebel
2 Nelkenblüten
2 Lorbeerblätter
2 Pfefferkörner
1 l Wasser, 1 TL Salz

1 kg Kasseler
Das Kasseler in Folie packen und ca. 1 ½ Stunden garen.

800 g Weinsauerkraut
80 g gewürfelter geräucherter Bauchspeck
3 Wacholderbeeren
Himbeersaft nach Geschmack

800 g Kartoffeln (mehlig-kochend)
¼ l Milch
20 g Butter
½ TL Salz

# *Fasan gebraten*

**Zutaten:**
1 Fasan
Salz, Pfeffer
Speckscheiben
50 g Butter
2 EL Sauerrahm
¼ l Flüssigkeit
1 TL Stärkemehl
zum Binden

**Zubereitung:**

Den vorbereiteten Fasan innen und außen mit Salz und Pfeffer einreiben, Brust und Schenkel mit Speckscheiben belegen und binden. Fasan mit der Brustseite nach unten in einen Bratentopf legen, mit heißer Butter übergießen. Im Backofen bei nicht zu starker Hitze ¾ – 1 ¼ Stunden braten, je nach Alter des Tieres. Während der Bratzeit den Fasan fleißig mit Flüssigkeit begießen, 15 Min. vor beendeter Garzeit Speck abnehmen, Fasan mit Rahm bestreichen und bräunen lassen. Soße nach Belieben binden, mit Rahm abschmecken.

Beilagen: Spätzle, Salzkartoffeln, Rotkohl, frisches Apfelmus mit Preißelbeeren

**Mein Tipp:**

Den Fasan im Ganzen auf Weinlaub mit Weintrauben anrichten.

# *Hasenrücken mit grünem Pfeffer*

**Zubereitung:**

*für 6 Personen*

Hasenrücken kurz abspülen und trocken tupfen. Mit drei Teelöffeln zerdrücktem grünen Pfeffer einreiben. Abgetropfte Tomaten (Saft auffangen), Lorbeerblatt, grob gewürfelte Zwiebel und restlichen Pfeffer in die Fettpfanne des Backofens geben. Hasenrücken auf den Rost darüber legen. Speckscheiben darauf verteilen. In den vorgeheizten Backofen schieben, auf 180 °C – 200 °C und etwa eine Stunde braten. Hasenrücken salzen und im ausgeschalteten Ofen warm stellen. Saft der Tomaten zum Bratensatz in die Fettpfanne gießen und auf dem Herd loskochen. Durch ein Sieb streichen. Crème fraîche und Johannisbeergelee unterrühren. Abschmecken. Soße zum Hasenrücken servieren.

**Zutaten:**
3 kg Hasenrücken
5 TL eingelegter grüner Pfeffer
1 gr. Dose Tomaten
1 Lorbeerblatt
1 Zwiebel
50 g fetter Speck in dünnen Scheiben
Salz
2 EL Crème fraîche
2 EL Johannisbeergelee

**Mein Tipp:**

Dazu schmecken sehr gut Rosenkohl und Spätzle.

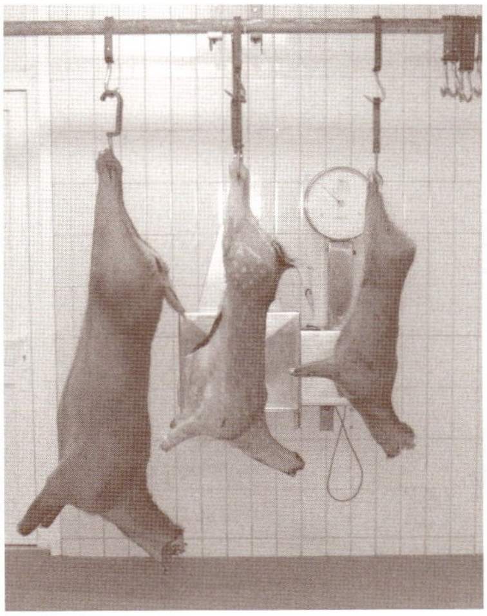

# *Flambiertes Rehragout mit Rum*

**Zutaten:**
750 g Rehfleisch
$^1/_4$ l Rotwein
$^1/_8$ l Essig
$^1/_8$ l Wasser
1 Zwiebel
1 Apfel
1 Karotte
Petersilienstiele
3 Nelken,
5 Pfefferkörner
½ Lorbeerblatt
6 EL Öl
1 EL Tomatenmark
1 EL Mehl, Salz
3 Likörgläser Rum

**Zubereitung:**

Am Vortag:
Fleisch grob würfeln, in Marinade von Rotwein, Essig, Wasser, gewürfelter Karotte, Zwiebel, Apfel sowie Petersilienstiele, Nelken, Pfeffer und Lorbeerblätter legen.

Vor der Zubereitung:
Rehfleisch und Gemüse trennen, abtropfen lassen. Pfanne mit Mittelhitze anheizen, Öl heiß werden lassen. Rehfleisch anbraten, 1 Likörglas Rum darüber gießen, anzünden und Flamme durch Auflegen des Deckels ersticken. Gemüse zum Fleisch geben, mit Mehl überstäuben. Mehl leicht bräunen lassen, die Marinade zugießen, Hitze auf schwach stellen, Deckel auflegen und gar werden lassen (ca. 1 ½ Stunden). Den restlichen Rum in eine kleine Schöpfkelle geben, anzünden und brennend über das Rehragout geben.

Beilage:
Butterspätzle, Rohkostsalat Möhren-Äpfel

# *Sauerbraten vom Reh mit Rotkohlknödeln*

**Zubereitung:** *(8 Portionen)*

Am Vortag:
2 Möhren, Petersilienwurzel, Zwiebel und Knoblauch grob zerkleinern. Alle Gewürze der Marinade in einen Topf geben, Essig, Rotwein, Orangensaft und Wasser angießen und alles aufkochen lassen. Die Marinade vollständig erkalten lassen und die Rehkeule in der Marinade zugedeckt mindestens 24 Stunden im Kühlschrank ziehen lassen.

Die Rehkeule herausnehmen und trocken tupfen. Die Marinade durch ein Sieb gießen und 1 ½ Liter abmessen. Die Gewürze entfernen und das Gemüse aus dem Sieb beiseite legen. Das Olivenöl in einem großen Bräter erhitzen und die Keule darin scharf anbraten. Das Gemüse kurz mitbraten. Den Honig, abgetropfte Preißelbeeren und die abgemessene Marinade zufügen. Im Ofen bei 180 °C ca. 1 ½ Stunden schmoren. Das Fleisch aus dem Sud nehmen und zugedeckt warm halten. Den Sud durch ein Sieb gießen. 1 Möhre und Sellerie klein würfeln und im Butterschmalz anbraten. Den Sud angießen und bei starker Hitze auf 500 ml einkochen lassen. 1 ½ EL Speisestärke anrühren und die Soße damit binden. Die Preißelbeeren unterrühren und nochmals abschmecken.
Für die Rotkohlknödel das Rotkohlgemüse erwärmen, mit 2 EL Speisestärke binden und abkühlen lassen. Das Gemüse zu Klößen formen und ca.1 Stunde einfrieren, bis die äußere Schicht gefroren ist. Die Klöße erst im Mehl, dann in Eiern und zuletzt in Paniermehl wenden. Dann im Öl goldbraun ausbacken.

**Zutaten:**
1,7 kg Rehkeule o. Kn.
2 EL Olivenöl
2 TL Honig
2 EL Preißelbeeren

½ Sellerieknolle
1 Möhre
1 EL Butterschmalz
3 ½ EL Speisestärke

800 g fertiger Rotkohl
4 EL Mehl
2 Eier
80 g Paniermehl
300 ml Öl

**Für die Marinade:**
2 Möhren
3 Petersilienwurzeln
1 Zwiebel
3 Knoblauchzehen
Salz
10 Körner w. Pfeffer
3 Gewürznelken
5 Wacholderbeeren
5 Pimentkörner
3 Thymianzweige
3 Rosmarinzweige
1 Lorbeerblatt
1 Zimtstange
abger. Schale einer unbehandelten Orange
4 EL Preißelbeergelee
½ l Balsamico bianco
1 l trockener Rotwein
250 ml Orangensaft.
700 ml Wasser

# *Frische Damwildleber*

**Zutaten:**
Leber vom Damwild
1 EL Majoran
Pfeffer
Mehl
Butter oder Margarine
Salz
4 mittelgroße Zwiebeln
4 Äpfel
Saft 1 Zitrone

**Zubereitung:**

Die küchenfertige Wildleber (ca. 800 g ) waschen, trocken tupfen und in 1 cm dicke Scheiben schneiden. Die Leberscheiben mit Majoran und Pfeffer kräftig würzen und im Mehl wenden.
Butter oder Margarine in einer Pfanne erhitzen und die Leberscheiben darin braten. Dann salzen, herausnehmen und warm stellen.
Die Zwiebeln schälen, in feine Scheiben schneiden, in das verbliebene Bratfett geben und goldgelb braten. Diese ebenfalls herausnehmen und warm stellen.
Die Äpfel schälen, entkernen und in Scheiben schneiden. Mit Zitronensaft beträufeln und im verbliebenen Bratfett goldgelb braten.
Die fertige Wildleber mit den Äpfeln und Zwiebeln auf Kartoffelpüree anrichten und sofort servieren.

**Mein Tipp:**

Die Leber darf nur ganz kurz (3 Min.) gebraten werden. Soll die Leber schön durchziehen, kann man sie auf den gebratenen Zwiebelringen bei geschlossenem Deckel warm halten.

# *Hirschsteak auf Toast*

**Zubereitung:**

Den Speck in einer Pfanne anbraten, Zwiebel und Wacholderbeere zugeben. Das Steak in das heiße Fett geben, auf jeder Seite 3–4 Min. braten, herausnehmen, heiß stellen (nur kurz, sonst wird das Fleisch zäh).
Rotwein, Sahne und Champignons in einer Pfanne erhitzen, mit Salz und Pfeffer abschmecken.
Steak auf den Toast legen, abgeschmeckte Pilze darüber geben und mit Obst garnieren.

**Zutaten:**
50 g Speck in Scheiben
1 Zwiebel
1 Wacholderbeere
1 Hirschsteak
1 EL Rotwein
2 EL saure Sahne
1 EL geschnittene Champignons
Pfeffer, Salz
1 Scheibe Toast
Ananas, Kirschen
Mandarinen, Petersilie

**Mein Tipp:**

Wichtig ist, dass das Steak erst nach dem Braten gesalzen und gepfeffert wird, damit das Fleisch nicht trocken wird.

# *Wildragout mit gefüllten Birnen*

**Zutaten:**
1 kg Keule
(Damwild oder
Wildschwein)
5 EL Olivenöl
3 Zwiebeln
Salz
1 Lorbeerblatt
2 Wacholderbeeren
3 Pfefferkörner
200 ml Rotwein
4 cl Holunderbeersaft

roter Johannisbeergelee
2 EL süße Sahne
Mondamin

gegarte Birnenhälften
Wildpreißelbeeren

**Zubereitung:**

Das küchenfertige Wildfleisch in grobe Würfel schneiden und im heißen Öl kräftig anbraten, nach dem ersten Bräunen die Zwiebeln zugeben und mit anbraten. Salzen und pfeffern und die Gewürze nach der Anbratzeit zufügen. Mit dem Rotwein und Holunderbeersaft ablöschen und 2 Stunden auf kleiner Flamme schmoren. Evtl. Flüssigkeit (Wasser) nachgießen.
Am Ende der Garzeit 1 EL roten Johannisbeergelee und nochmals abschmecken. Mit Mondamin binden und die süße Sahne unterrühren.

Das Wildragout in einer vorgewärmten Schüssel mit den mit Preißelbeeren gefüllten Birnenhälften anrichten.

Beilagen: Rotkohl, Rosenkohl, frisches Apfelmus

Mein Tipp:

Eine besondere Beilage sind selbst hergestellte Kartoffelkroketten.

# *Wildschweinrouladen*

**Zubereitung:**

Die Schnitzel auf der Arbeitsfläche ausbreiten und beidseitig mit Pfeffer würzen, mit dem fein gehackten Salbei bestreuen. In der Mitte mit dem Schinken belegen und einrollen, mit Rouladennadeln befestigen. Die Steinpilze in der Hühnerbrühe einweichen.
Die Rouladen in heißem Butterschmalz kräftig anbraten. Mit Salz bestreuen und nach und nach den Weißwein zufügen. Ab und zu wenden. Nach 10 Minuten die Steinpilze mit der Flüssigkeit sowie das Tomatenmark und den Zucker zugeben. Den Topf zudecken und bei mittlerer Hitze ca. 20 Minuten schmoren lassen.

Die Wildschweinrouladen auf einer vorgewärmten Platte anrichten und die Sauce bei starker Hitze einkochen lassen, evtl. mit Speisestärke andicken. Über die Rouladen gießen.

**Zutaten:**
4 dünn geschnittene Wildschweinschnitzel
1/2 TL Salbei, fein gehackt
4 Scheiben roher Schinken
Salz, grober schwarzer Pfeffer

10 g getrocknete Steinpilze
1/8 l Hühnerbrühe
1 dl Weißwein
1 EL Tomatenmark
1 Pr. Zucker

**Mein Tipp:**

Als Beilage empfehle ich Rotkohl und Petersilienkartoffeln.

Vorbereitungen in der Küche

Traditionell hatte der Eintopf auf einem Bauernhof eine große Bedeutung. Es war die Möglichkeit, mit einem relativ geringen Aufwand eine warme, gute und sättigende Mahlzeit zu erstellen. Zudem hatte der Eintopf den Vorteil, dass sich „ Reste“, sei es aus vorherigen Mahlzeiten oder aus dem Vorratslager, sehr gut verwerten ließen.

Auch im wöchentlichen Küchenzettel für unsere Gäste blieb der Eintopf als traditionelles Gericht des Montags erhalten, denn der Eintopf ist auch heute noch ein zeitgemäßes Essen. Er lässt sich entsprechend den Jahreszeiten gut variieren und kann in leichter aber auch in herzhafter Form angeboten werden. Früher gehörte zum Eintopf immer eine Ergänzung durch Wurst oder Fleisch. Viele Rezepte lassen sich jedoch mit nur kleinen Veränderungen als vegetarisches Essen gestalten.

Der Auflauf hatte in früherer Zeit nicht die Bedeutung, die er heute in der Küche genießt. Während die „Kochmaschine“ in größeren Küchen immer warm war, galt das nicht für den Backofen. Er musste extra „angeheizt“ werden und das wurde manchmal nur zweimal im Monat gemacht, wenn auch Brot und Kuchen auf Vorrat gebacken wurden.
Durch den Einzug moderner Backtechnik in allen Küchen hat der Auflauf gerade auch im privaten Haushalt einen großen Stellenwert erlangt. Er lässt sich gut vorbereiten und kann bei Bedarf in relativ kurzer Zeit servierfertig gegart werden. Ähnlich wie beim Eintopf sind die Variationsmöglichkeiten fast unbegrenzt.
Ich habe mich in diesem Kapitel auf pikante Aufläufe beschränkt, süße Aufläufe finden sie im Kapital „Abendliche Vorspeisen“.

# *Berliner Eintopf*

*für 6 Personen*

**Zutaten:**
1 Suppenhuhn
von 1000 g
1 kl. Sellerieknolle
2 Möhren
20 g Reis
250 g Erbsen
1 kl. Dose Brechspargel
Pfeffer, Salz
1 Bund Petersilie

**Zubereitung:**

Suppenhuhn waschen. Gut 1 ½ l Wasser aufkochen, salzen, Huhn reingeben. In 90 Min. gar kochen. Sellerie und Möhren putzen. Sellerie in Würfel, Möhren in Scheiben schneiden. 30 Min. vor Ende der Garzeit des Huhns in die Brühe geben. Huhn aus der Brühe nehmen. Reis waschen und in die Brühe geben. In 15 Min. körnig kochen. Nach 5 Min. können die Erbsen hinzu. Zum Schluss abgetropften Spargel dazugeben. Huhn häuten. In kleine Stücke schneiden, wieder in die Suppe geben, mit Salz und Pfeffer würzen. Mit gehackter Petersilie bestreuen.

Beilage: Kerniges Bauernbrot oder Graubrot.

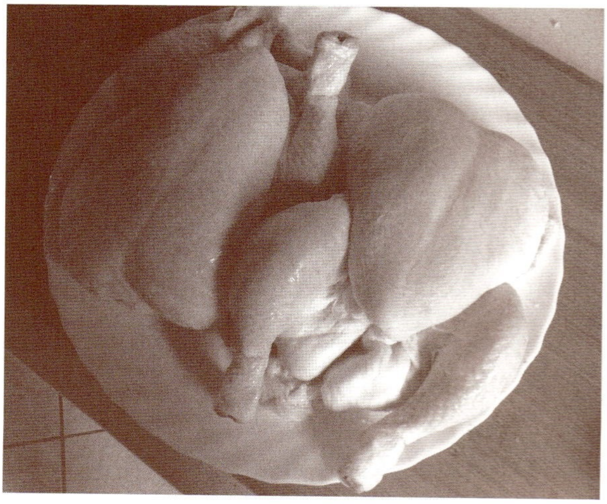

# *Bosnische Bohnensuppe*

**Zutaten:**
350 g Suppenrindfleisch
3 Möhren
½ Sellerieknolle
1 Stange Porree
Salz
500 g grüne Bohnen
1 EL Tomatenmark
1 EL Petersilie
1 TL Knoblauchsalz
¼ TL Cayennepfeffer
1 Tasse saure Sahne
½ Tasse Gabelspaghetti

**Zubereitung:**

Das Fleisch mit geschnittenen Wurzelgemüsen und Salz in viel Wasser ohne Deckel kochen, sodass die Flüssigkeit etwas verdampfen kann. Dann die Bouillon abgießen und darin die in Stücke geschnittenen grünen Bohnen gar kochen. In einer Pfanne unterdessen den Bauchspeck zerlassen, das Mehl und das Paprikapulver hinein geben und so lange rühren, bis das Mehl zu bräunen beginnt. Mit etwas Bouillon zu einer dicklichen Sauce ablöschen und Tomatenmark, Zwiebelwürfel, gehackte Petersilie, Knoblauchsalz und Cayennepfeffer darunter mischen. Diese Sauce unter Schlagen mit dem Schneebesen in die Suppe rühren. Kurz vor dem Anrichten die saure Sahne und die gekochten Spaghetti in die Suppe geben. Zum Schluss das Fleisch würfelig hineinschneiden.

**Mein Tipp:**
Die Nudeln nur bissfest garen, da sie noch nachquellen.

© Joujou/PIXELIO

# *Bunte Gemüsesuppe*

*für 6 Personen*

**Zutaten:**
500 g Suppenfleisch (Rind)
2 ½ l Wasser
1 kg Gemüse, frisch oder TK Suppengemüse (Erbsen, Möhren, Kohlrabi, Blumenkohl, Rosenkohl, Porree)
750 g Kartoffeln
Salz, Maggi, Pr. Zucker

1 Bund Petersilie

**Zubereitung:**

Das Fleisch ca. 1 Std. am Stück vorkochen. Das gewaschene und zerkleinerte Gemüse und die geschälten, klein gewürfelten Kartoffeln dazugeben und mit dem Salz garen. Das Suppenfleisch in kleine mundgerechte Würfel schneiden und wieder in die Suppe geben, abschmecken und gehackte Petersilie einstreuen.

**Mein Tipp:**

Kräftiger schmeckt die Gemüsesuppe, wenn das Suppenfleisch in heißem Öl angebraten wird. Es ist wichtig, das Fleisch mit kaltem Wasser aufzufüllen, damit die Geschmacksstoffe aus dem Fleisch in die Brühe ziehen.

# *Lippische Kartoffelsuppe*

**Zubereitung:**

*für 6 Personen*

Den Bauspeck in Öl anbraten, Suppengemüse und Zwiebeln klein schneiden, andünsten, mit dem Wasser auffüllen. Die gewürfelten Kartoffeln dazugeben und 20 Min. kochen lassen. Mit Salz, einer Prise Zucker und etwas Maggi abschmecken. Die in Scheiben geschnittenen Rauchenden in die Suppe geben, Petersilie und Schnittlauch vorm Servieren einstreuen.

Beilage: Kerniges Bauernbrot oder Graubrot.

**Mein Tipp:**
Wünscht man die Suppe sämig, die Hälfte der Kartoffeln pürieren, gut umrühren und noch 10 Min. ziehen lassen.

**Zutaten:**
200 g Bauchspeck, geräuchert
2 Zwiebeln
Suppengrün:
2 Porreestangen,
½ Sellerieknolle,
4 Möhren,
3 Stiele Maggikraut
2 l Wasser
Salz
1250 g Kartoffeln
4–6 Rauchenden
Gehackte Petersilie
Gehackter Schnittlauch

# Pichelsteiner Eintopf

*für 6 Personen*

**Zutaten:**
200 g Beinscheibe Rind
200 g Hochrippe Rind
2 Zwiebeln
Öl zum Anbraten
500 g Weißkohl
500 g Wirsingkohl
1 Stange Porree
$^1/_2$ Sellerie
500 g Kartoffeln
Salz, Pfeffer,
$^1/_2$ TL Kümmel
1 $^1/_4$ l Flüssigkeit
1 Bund Petersilie

**Zubereitung:**

Das Fleisch mit gewürfelten Zwiebeln leicht anbraten, mit etwas Flüssigkeit auffüllen und 30 Min. vorgaren. In der Zeit Sellerie und Kartoffeln schälen und würfeln, Porree in Ringe schneiden, Wirsingkohl und Weißkohl fein hobeln oder mit der Küchenmaschine in dünne Scheiben schneiden und das Gemüse lagenweise einschichten. Die restliche Flüssigkeit und die Gewürze zugeben und 60 Minuten garen. Das gegarte Suppenfleisch würfeln und unterheben. Abschmecken und mit der gehackten Petersilie servieren.

**Mein Tipp:**

Gut durchgestampft und durchgezogen schmeckt diese lippische Variante des Pichelsteiner Eintopfes sehr gut!

# *Schnippelbohneneintopf*

**Zubereitung:**

*für 4 Personen*

Das Fleisch mit der gewürfelten Zwiebel leicht anbraten und mit 1 l Wasser auffüllen. Salzen, pfeffern und 1 Std. garen.
Die geschnippelten oder geschnittenen Bohnen zugeben und diese 30 Min. garen, dann die geschälten und gewürfelten Kartoffeln und die geputzten und in kleine Stifte geschnittenen Möhren zugeben und alles gar kochen.
Das gegarte Suppenfleisch würfeln, in die Suppe geben, alles mit Salz, Pfeffer und einer Prise Zucker abschmecken und mit der gehackten Petersilie servieren.

**Zutaten:**
200 g Suppenfleisch (Rind)
1 Zwiebel
Öl zum Anbraten
1 l Wasser
1 kg Kartoffeln
500 g frische grüne Bohnen (Stangenbohnen oder Brechbohnen)
200 g Möhren
Salz, Pfeffer, evtl. Maggi
1 Bund Petersilie

**Mein Tipp:**

Ich gebe an alle Eintöpfe und Gemüsesuppen eine Prise Zucker. Dieser hebt den Eigengeschmack des Gemüses besonders hervor.

© Stihl024/PIXELIO

# Steckrübeneintopf

*für 6 Personen*

**Zutaten:**
300 g Schweinebauch (mager)
2 EL Rapsöl zum Anbraten
1,5 l Wasser
900 g Kartoffeln
900 g Steckrüben
400 g Möhren
Salz, Pfeffer,
1 Bund Petersilie

**Zubereitung:**

Die Steckrübe, die Kartoffeln und die Möhren schälen, waschen, in Scheiben und dann in Stifte schneiden. Das Öl erhitzen, das Fleisch anbraten, mit 1,5 l Wasser begießen. Die Steckrüben und Kartoffeln dazugeben und würzen. Das Ganze 30 Min. garen, das Bauchfleisch rausnehmen und warmstellen. Den Eintopf abschmecken, mit Petersilie bestreuen und dem in Scheiben geschnittenen Bauchfleisch servieren.

**Mein Tipp:**

Für Liebhaber eines eher sämigen Eintopfes bietet sich auch hier beim Steckrübeneintopf das Stampfen an.
Die Mehrarbeit des Stiftelns kann dann natürlich gespart werden.

# *Westfälisches Blindhuhn*

**Zubereitung:**

*für 6 Personen*

Die Rippchen in 1 l Wasser mit Salz kochen und das Gemüse vorbereiten. Die Kartoffeln schälen und würfeln, die Möhren putzen und in Scheiben schneiden, die Äpfel und Zwiebeln grob zerkleinern. Nun die garen Rippen herausnehmen und die Kartoffeln und Möhren als erstes in der Brühe garen. Wenn der Topf wieder kocht, werden die Zwiebeln, Äpfel und Bohnen zugegeben. Nach ca. 30 Minuten wird der Eintopf zu einer sämigen Masse gestampft, jedoch nicht püriert!! Beim Abschmecken ist es hier das Kunststück, das richtige Verhältnis zwischen süß und sauer zu finden.
Blutwurst, eingelegte Gurken und das abgesuchte Rippchenfleisch dazu essen.

**Zutaten:**
1 gr. Dose weiße Bohnen mit Suppengrün
1 l Wasser
400 g Schweinerippe
400 g Möhren
2 Zwiebeln
300 g Äpfel
500 g Kartoffeln
2–3 EL Essig,
2 EL Zucker
Salz, Pfeffer,
1 Bund Petersilie

**Mein Tipp:**

Verwendet man getrocknete Bohnen, müssen diese am Tag zuvor in einem Liter Wasser eingeweicht werden.

# Gemüsepudding

**Zutaten:**
750 g Chicorée
Lauch oder Wirsing
1 Tasse Wasser
1 TL Salz
4 Eier
2 EL Stärkemehl
50 g geriebener Holländerkäse
20 g Parmesankäse
1 Prise Muskat
evtl. 150 g gekochter Schinken
Margarine
Semmelmehl

**Zubereitung:**

Das Gemüse in Streifen schneiden und vordünsten. Das Eigelb mit dem Stärkemehl und dem geriebenen Käse verrühren und unter das Gemüse mischen.
Das Eiweiß zu steifem Schnee schlagen, mit Muskat würzen und ebenfalls unterheben, evtl. den klein geschnittenen Schinken.
Die Puddingform gut fetten, mit Semmelmehl ausstreuen, die Masse einfüllen und gut schließen. In einem Wasserbad etwa 1 ½ Std. kochen.

Dazu pikante Käsesauce oder Tomatensauce reichen.

# Gratinierte Hacksteaks

**Zutaten:**
400 g Hackfleisch
½ Zwiebel
1 Knoblauchzehe
3 EL Tomatenketchup
Salz, Pfeffer
1 EL Butter
4 große Tomaten
200 g Schmelzkäse
½ TL getrocknetes Majoran

**Zubereitung:**

Die klein gehackte Zwiebel, fein geschnittene Petersilie, zerdrückte Knoblauchzehe und den Tomatenketchup mit dem Hackfleisch vermischen. Salzen, pfeffern und die Masse zu acht kleinen Hacksteaks formen. Die Hacksteaks in Butter braten und in eine feuerfeste Form legen.
Auf jedes Hacksteck eine halbe, abgezogene Tomate setzen.
Den Schmelzkäse weich rühren, Majoran zugeben und den Käse über die Tomaten verteilen.
Die Hacksteaks im Backofen gratinieren, bis der Käse geschmolzen und goldbraun ist.

# *Gratinierter Spinat*

**Zutaten:**
1 kg Spinat
750 g Kartoffeln
Salz
Muskat
30 g Butter
4 – 5 Eier
40 g Butter
30 g Mehl
1/3 l Fleischbrühe
1/4 l Milch
2 Eigelb
150 g geriebener Käse

**Zubereitung:**

Den gründlich gewaschenen Spinat tropfnass aufkochen, auf einem Sieb abtropfen lassen und fein wiegen (gefrorener Spinat).
Die gekochten Salzkartoffeln heiß durch eine Kartoffelpresse drücken, mit dem Spinat vermischen und mit Salz, Muskat und Butter abschmecken. In eine gefettete Auflaufform geben. Die Eier pflaumenweich kochen oder als verlorene Eier zubereiten und auf den Spinat legen. Aus Fett und Mehl eine helle Mehlschwitze zubereiten und mit Fleischbrühe und Milch aufgießen. Mit dem Eigelb legieren, den Käse in die Sauce rühren und mit Salz abschmecken. Die Sauce über die Eier gießen und das Gericht im Ofen in 25 – 30 Min. goldbraun backen.

**Mein Tipp:**

Dieser Auflauf ist eine gute Resteverwertung und damit eine Aufwertung von übrig gebliebenem Spinat und Kartoffeln

# *Hackfleischpastete*

**Zutaten:**
1 Paket gefrorener Blätterteig
2 große Zwiebeln
2 Stangen Lauch
250 g Hackfleisch
1 EL Öl
Salz, Pfeffer
Petersilie, Thymian
4 Tomaten
1 Zwiebel
Petersilie
1 EL Butter
1 EL Milch

**Zubereitung:**

Blätterteig auftauen, ¾ des Teiges auf einer runden Scheibe ausrollen und in eine kalt ausgespülte Springform legen. Den restlichen Teig zu einer dünnen Wurst rollen und fest an den Rand der Form drücken. Teigboden mit einer Gabel überall einstechen, Teig 10 – 15 Min. ruhen lassen, dann 10 Min. backen.
Zwiebeln fein hacken, Lauch fein schneiden und Hackfleisch mit Zwiebel und Lauch in Öl anbraten. Salz, Pfeffer, Petersilie und Thymian hinzufügen und 10 Min. brutzeln lassen, bis das Fleisch gebräunt ist. Häufig umrühren.
Fleisch auf dem Teigboden verteilen und mit geviertelten Tomaten, in Ringe geschnittener Zwiebel und Petersilie belegen. Die Füllung mit Butter beträufeln, den Rand mit Milch bepinseln. Pastete ca. 15 Min. im Backofen überbacken.

# *Italienischer Sauerkrautauflauf*

**Zubereitung:**

Kartoffeln schälen, in Scheiben schneiden. Speck und Zwiebeln würfeln. Fett in einer feuerfesten Form anbraten, Kartoffelscheiben, Zwiebelwürfel und Sauerkraut zugeben und anschmoren. Salami in Würfel schneiden, in die Form geben, mit Wein und Fleischbrühe aufgießen.
Das Gericht im vorgeheizten Backofen zugedeckt 45 Min. bei 225 °C garen.
Die Sahne mischen und über die Masse gießen. Den Käse darüber streuen und nochmals 15 Min. überbacken.

**Zutaten:**
500 g Kartoffeln
100 g durchw. Speck
2 Zwiebeln
30 g Fett
500 g Sauerkraut
125 g Salami
1/8 l Weißwein
1/8 l Fleischbrühe
1/4 l süße Sahne
1/8 l saure Sahne
50 g geriebener Käse

# *Kartoffel-Pastete*

**Zubereitung:**

Kartoffeln zerquetschen, mit 50 g Fett, Eigelben, 1 TL Salz, Muskat, Käse, 30 g Mehl und Semmelbröseln zu einem festen Teig verkneten. Zwei runde Teigböden ausrollen, einen in eine gefettete Auflaufform legen. Champignons fein schneiden, Schinkenspeck und Zwiebel fein würfeln, in 30 g Fett glasig dünsten. Champignons zugeben und 10 Min. zugedeckt dünsten. Mit 40 g Mehl bestäuben, Sahne dazurühren und aufkochen lassen. Mit Salz und Pfeffer abschmecken, auf den Teig in die Form geben und mit dem zweiten Boden zudecken. Luftlöcher einstechen.
Bei 200 °C ca. 15–20 Min. backen.

**Zutaten:**
250 g gekochte Kartoffeln
80 g Fett
2 Eier
Salz
1 Prise Muskat
50 g geriebener Käse
70 g Mehl
60 g Semmelbrösel
400 g Champignons
60 g Schinkenspeck
1 Zwiebel
¼ l Sahne
Pfeffer

# *Neapolitanischer Fischerschmaus*

**Zutaten:**
250 g Makkaroni
400 g Räucherfisch
(Seelachs oder
Goldbarsch)
Semmelbrösel (2–3 EL)
geriebener Käse
Butterflöckchen

**Tomatensoße:**
30 g Margarine
40 g Mehl
½ l Flüssigkeit
1 Zwiebel
Tomatenmark
Salz
Zucker
Maggi
etwas Dosenmilch

**Zubereitung:**

Eine gut gefettete Auflaufform mit den gebrochenen, gar gekochten Makkaroni lagenweise mit dem von Haut und Gräten befreiten Räucherfisch füllen. Mit etwa ½ l sämig kräftig abgeschmeckter Tomatensoße übergießen.
Mit 2–3 EL Semmelbröseln, vermischt mit geriebenem Käse, bestreuen. Mit Fettflöckchen belegen und ca. 10–15 Min. goldbraun backen.

Soße:
Zwiebeln in Fett dünsten, helle Grundtunke bereiten und mit allen Zutaten abschmecken.

# *Pudding aus Quark und Schinken*

**Zubereitung:**

Aus Butter, Mehl und Milch eine helle Grundsoße zubereiten und 5 Min. kochen lassen. Schinken in 1 cm große Würfel schneiden, in die Soße geben und diese abkühlen lassen. Magerquark durch ein Sieb in einen Topf streichen. Petersilie waschen, fein hacken, mit Eigelb, Salz, Pfeffer und Muskatnuss unter den Quark rühren; Quarkmasse mit der Soße mischen. Eiweiß steif schlagen, unter die Puddingmasse heben, in eine mit kaltem Wasser ausgespülten Puddingform füllen, verschließen, in kochendem Wasserbad 60 Min. garen, Form herausnehmen und den Deckel öffnen. Kurz auskühlen lassen, dann auf einen vorgewärmten Teller stürzen.

Tomatensoße: Aus allen Zutaten eine helle Grundsoße als Tomatensoße zubereiten.

**Zutaten:**
40 g Butter
30 g Mehl
3/8 l heiße Milch
400 g gekochter Schinken
400 g Magerquark
½ Bund Petersilie
3 Eier
Salz
Pfeffer
1 MS Muskatnuss

**Tomatensoße:**
30 g Fett
40 g Mehl
½ l Brühe
Salz
Paprika
2 EL Tomatenmark
2 EL Dosenmilch

# Räucherfischauflauf

*für 10 Personen*

**Zutaten:**
500 g Räucherfisch
(Goldbarsch
in Schuppen)
250 g Spaghetti
250 g geriebener Käse
3/8 l Milch
2–3 EL Tomatenmark

**Soße:**
3–4 Eier
100 g Reibkäse
1/4 l saure Sahne
Paprika und Salz

**Belag:**
Butterflöckchen
Paniermehl

**Zubereitung:**

Goldbarsch – 250 g Spaghetti – Käse schichtweise in eine gefettete Auflaufform füllen. Tomatenmark und Milch verquirlen und über die Nudelfischmasse geben. Die gesamte Masse etwas vorbacken.

Soße anrichten und über die vorgebackene Masse gießen. Mit Paniermehl überstreuen und mit Butterflöckchen belegen.
40–50 Min. bei 200 °C auf der unteren Schiene backen.

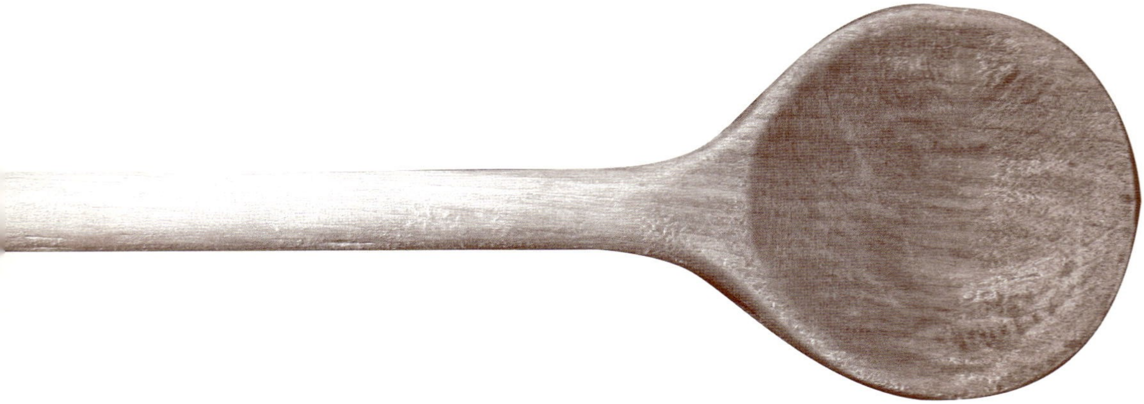

# *Sauerkrautauflauf I*

**Zubereitung:**

Schinken und Zwiebel würfeln, den Schinken in eine Teflonpfanne geben und ausbraten. Zwiebel und das klein geschnittene Sauerkraut zugeben und mit schmoren lassen. Evtl. etwas Wasser oder Brühe angießen; abschmecken. Kartoffeln kochen, durch eine Presse geben und mit der erhitzten Milch zu Püree rühren und mit Salz und Muskat abschmecken.
In eine leicht gefettete Auflaufform abwechselnd Sauerkraut und Püree einschichten, dabei auf das Sauerkraut je 1 EL saure Sahne geben. Zuletzt Püree mit geriebenem Käse bestreuen und bei 200 °C ca. 15 – 20 Min. überbacken.

**Zutaten:**
200 g Sauerkraut
50 g roher Schinken
1 TL Zwiebelwürfel
2 EL saure Sahne
30 g Käse
(30 g Fett i. Tr.)
100 g Kartoffeln
3 EL Milch (0,3 % Fett)
½ Knoblauchzehe
Pfeffer
Paprika
Majoran

# *Sauerkrautauflauf II*

**Zutaten:**
150 g Sauerkraut
1 TL Öl
125 g Rindergehacktes
1 TL Zwiebelwürfel
2 EL saure Sahne
30 g Käse
(30 % Fett i. Tr.)
½ Knoblauchzehe
Paprika
Pfeffer
Salz
Thymian
Fleischbrühe

**Zubereitung:**

Sauerkraut klein schneiden, Knoblauchzehe zerdrücken. Das Gehackte, Zwiebel, Knoblauch im Öl anbraten, Sauerkraut zugeben und mitschmoren lassen. Etwas Fleischbrühe angießen, kräftig abschmecken. Zum Schluss die saure Sahne unterrühren, nicht mehr kochen lassen. Die Masse in eine leicht gefettete Auflaufform geben, mit geriebenem Käse bestreuen und 15 – 20 Min. bei 200 °C überbacken.

Dresdener Stollen

Im Frühjahr, Sommer und vor allem im Herbst ist auf einem Hof wenig Zeit. So war es zumindest in den Jahrzehnten als noch viel mit der Hand erledigt werden musste. Umso mehr freuten sich alle, wenn im Herbst die Ernte eingebracht und der Garten winterfertig war.
Dann kam doch für alle auf dem Hof die etwas ruhigere Zeit. Gerade der November und der Dezember, also die beiden Monate der Advents- und Weihnachtszeit, waren ein großer Kontrast zum arbeitsreichen Oktober. Auch in der Küche konnte man diesen Wandel spüren. Es war mehr Zeit, und man nahm sie sich auch.

Auch im Pensionsbetrieb wurde es nach den Herbstferien und den Tagen der Hausschlachtung von Schweinen und Gänsen ruhiger. Alle freuten sich über die Advents- und Weihnachtsbäckerei. Die Plätzchenmühlen, Ausstechformen und andere Backutensilien wurden hervorgeholt, um Christstollen und die vielfältigsten Plätzchen herzustellen.
Einige Plätzchen durften während der Backzeit gegessen werden, was diese umso beliebter bei meinen Kindern und später den Enkelkindern machte. Dann wurden die Plätzchen in großen Dosen aufbewahrt. Bei den Christstollen und dem Berliner Brot war diese Ruhezeit für den Geschmack sehr wichtig.

Wurden die Dosen wieder geöffnet, entstanden verführerische Weihnachtsteller für die Familie und die Hausgäste. Die Stammgäste haben sich immer sehr über den bunten Plätzchenteller am Heiligen Abend gefreut, der im Rahmen unserer kleinen Weihnachtsfeier am Nachmittag von „Engeln“ und dem „Weihnachtsmann“ überreicht wurde.

# *Dresdener Stollen*

**Zutaten:**
250 g Mehl
20 g Hefe
5 EL Milch
40 g Zucker
50 g Mandeln
1 Pr. Salz
90 g Butter
25 g Schmalz
50 g Zitronat
110 g Sultaninen

30 g Butter
Puderzucker

**Zubereitung:**

Einen Hefeteig auf beliebige Art zubereiten und den Teig mit den Knethaken einer elektrischen Küchenmaschine durcharbeiten oder auf einem Brett kneten. Darauf achten, dass die untere Teigseite glatt bleibt. Den Teig also drehen, rollen und von oben mit der Hand durchwirken. Die untere Seite darf nicht nach oben kommen, da sonst Risse entstehen. Nach gutem Durcharbeiten muss der Teig glatt und geschmeidig sein. Zitronat und Sultaninen zuletzt untermengen. Dem Teig schon die Länge der Stolle geben und zugedeckt an warmer, zugfreier Stelle gehen lassen. Erst dann die Stolle formen. Mit einem Nudelholz oder der bemehlten Hand der Länge nach in der Mitte eine Mulde drücken. Die eine Seite über die andere schlagen, nach innen einrollen, sodass die Stolle an dieser Seite hoch, an der Umbruchseite niedrig wird und dadurch die charakteristische Form erhält. Die geformte Stolle auf dem mit Mehl bestäubten Blech noch 15 Min. ruhen lassen, ehe man sie in den Backofen schiebt. Nach dem Herausnehmen mit reichlich flüssiger Butter bestreichen und einziehen lassen. Mit Puderzucker bestreuen.

Backen: 30 Min. auf 150 – 200 °C
Vorheizen: 250 °C

**Mein Tipp:**

Die Stollen schmecken erst richtig lecker, wenn sie mindestens 2 Wochen durchgezogen sind.

# *Aprikosenherzen*

**Zutaten:**
250 g Mehl
150 g Zucker
1 Pck. Vanillinzucker
150 g Margarine
1 Ei
1 Pr. Salz

Zum Füllen:
Aprikosenmarmelade

Zum Garnieren:
2 P. Kuvertüre
20 g Walnusskerne
20 g Mandelstifte
Pistazien

**Zubereitung:**

Aus den obigen Zutaten einen Mürbeteig herstellen. 15 Min. kühl stellen.

Den Mürbeteig dünn ausrollen und Herzen ausstechen. Auf ein gefettetes Backblech legen und bei 180 °C ca. 10–15 Min. hellgelb backen, vom Blech lösen, erkalten lassen. Die Hälfte der Herzen mit Aprikosenmarmelade bestreichen und ein anderes Herz darauflegen. Herzen mit Kuvertüre bestreichen und garnieren.

# *Berliner Brot*

**Zutaten:**
250 g Mehl
250 g Zucker
60 g Kakao
125 g gehackte Mandeln oder Nüsse
2 Eier
½ Pck. Backpulver
½ TL Zimt
1 MS Nelkenpfeffer

**Zubereitung:**

Alles zu einem Teig verkneten und auf einem Backblech ausrollen.
Bei ca. 180 °C ca. 20–30 Min. backen.
Nach dem Backen sofort in Rauten schneiden, bevor es hart wird.

# Dominosteine

**Zutaten:**
250 g Honig
65 g Zucker
65 g Margarine
2 Eier
1 TL Zimt
½ TL Zitronensaft
1 MS Gewürznelken
20 g Kakao
100 g Orangen-marmelade
200 g Marzipan-Rohmasse
150 g Puderzucker
Kuvertüre

**Zubereitung:**

Honig, Zucker und Margarine schmelzen, abkühlen lassen. Eier, Zimt, Zitronensaft, Gewürznelken und Kakao unter die Masse rühren und auf ein gefettetes Backblech streichen.
Bei 175 °C ca. 25 Min. backen. Die erkaltete Teigplatte waagerecht halbieren.

Orangenmarmelade verrühren und die Teigplatte damit bestreichen.
Marzipan und Puderzucker verkneten, in Größe der ½ Teigplatte ausrollen, darauflegen, mit Marmelade bestreichen und die zweite Teigplatte darauflegen. In Würfel schneiden.
Kuvertüre schmelzen, Würfel damit überziehen.

**Mein Tipp:**

Die Würfel lassen sich gut in Kuvertüre eintauchen, wenn man sie mit einem Zahnstocher aufspießt.

# *Haferflockenmakronen*

**Zutaten:**
60 g Butter
200 g Haferflocken
250 g Zucker
2 Eier
1 EL Kakao
20 g geriebene Mandeln oder Haselnüsse
1 EL Mehl

**Zubereitung:**

Haferflocken mit den Händen verreiben, in der Butter hellgelb rösten. Eigelb und Zucker schaumig rühren, gesiebten Kakao, Mandeln, Mehl und die gerösteten Haferflocken dazugeben, zuletzt den steifen Eischnee untermischen. Mit einem Teelöffel kleine Makronen auf ein Blech mit Backpapier setzen und bei mäßiger Hitze hellbraun backen.

# *Heidesand*

**Zutaten:**
200 g Butter
150 g Zucker
1 Pck. Vanillinzucker
1 – 2 EL Milch
250 g Mehl

**Zubereitung:**

Die Butter zergehen lassen, stark bräunen, erkalten lassen. Die wieder erstarrte Butter schaumig rühren. Zucker nach und nach dazugeben, Vanillinzucker und Milch beifügen und alles so lange rühren, bis die Masse weißschaumig ist. Zwei Drittel des gesiebten Mehles nach und nach darunter rühren, das restliche Mehl auf einmal beifügen und rasch zu einem glatten Teig verkneten. Man formt aus dem Teig etwa 3 cm dicke Rollen und stellt sie kalt, bis sie hart geworden sind. Von den Rollen ½ cm dicke Scheiben abschneiden, nachformen.
Auf kaltem, ungefetteten Backblech mit Backpapier ca. 15 Min. bei schwacher Mittelhitze hellgelb backen.

# *Haselnussmakrone*

**Zutaten:**
100 g gemahlene Haselnusskerne
200 g Mehl
200 g Butter
125 g Zucker
40 g Haselnusskerne

**Zubereitung:**

Haselnusskerne und Mehl mischen. Butter und Zucker schaumig rühren, Haselnussmehl zugeben und zu einem Teig kneten. Auf einem Backblech mit Backpapier mit 2 Teelöffeln kleine Makronen setzen. In die Mitte jeder Makrone einen Haselnusskern drücken.
Im vorgeheizten Backofen bei 175 °C ca. 8 Min. hellbraun backen.

# *Mandelstangen*

**Zutaten:**
250 g Mehl
100 g Zucker
100 g Margarine
100 g gehackte Mandeln
3 EL Milch
1 Pck. Vanillinzucker
3 g Backpulver

1 Eigelb
1 TL Milch
15 g gemahlene Mandeln

**Zubereitung:**

Aus den obigen Zutaten einen Knetteig herstellen, kalt stellen.
Den Teig dünn ausrollen, fingerdicke und -lange Streifen ausradeln und auf ein gefettetes Backblech oder Blech mit Backpapier legen.
Eigelb Milch und Mandeln verrühren, Teigstreifen damit bestreichen und bestreuen.
Bei 175 °C ca. 15 Min. backen.

# *Nuss-Marzipan-Taler*

**Zubereitung:**

Aus den Zutaten einen Knetteig bereiten. Sollte der Teig kleben, ihn eine Zeit kalt stellen. Den Teig in kleinen Mengen etwa 2 mm dick ausrollen, runde Plätzchen (Durchmesser ca. 4 cm) ausstechen und auf ein Backblech legen. Backzeit etwa 8 – 10 Min.

Das Marzipan mit dem Puderzucker verkneten und dünn auf etwas Puderzucker ausrollen. Plättchen in der Größe der Plätzchen ausstechen. Plätzchen nach dem Erkalten in der Mitte sehr dünn mit Johannisbeergelee bestreichen, mit Marzipan bedecken. Den restlichen Puderzucker mit Rum oder Zitronensaft glatt rühren und die Marzipandecke dünn damit bestreichen. Garnieren.

**Zutaten:**
150 g Mehl
½ TL Backpulver
75 g Zucker
1 Pck. Vanillinzucker
2 EL Wasser
125 g Margarine
150 g gemahlene Haselnusskerne

**Belag:**
250 g Marzipan-Rohmasse
150 g gesiebter Puderzucker
Johannisbeergelee
75 – 100 g Puderzucker
2 – 3 EL Rum oder Zitronensaft
gehackte Nüsse
fein gehackte Pistazien
halbe kandierte Kirschen

# *Saure-Sahne-Kringel*

**Zutaten:**
500 g Mehl
350 g Butter in Stücken
10 EL saure Sahne

Zucker, Vanillezucker

**Zubereitung:**

Man knetet aus Mehl, Butter und saurer Sahne einen Teig und lässt ihn im Kühlschrank ruhen. Um kleine Kringel oder Schleifen zu formen, sollte man am Besten kleine Schlangen rollen, diese in ca. 6 cm lange Stücke schneiden und als Kringel oder Schleifen verbinden.
Dann werden sie mit einer Seite in Eigelb und dann sofort in ein Gemisch aus Zucker und Vanillinzucker getaucht. Sie werden auf ein Blech mit Backpapier gelegt und gebacken, bis sie goldgelb sind.

# *Spitzbuben*

**Zubereitung:**

Aus den Zutaten einen Mürbeteig herstellen. 15 Min. kühl stellen.
Runde Plätzchen ausstechen, hellgelb backen, zwei Plätzchen zusammenkleben, dazwischen Johannisbeergelee streichen. Mit Puderzucker bestäuben.

**Zutaten:**
250 g Mehl
150 g Margarine
100 g Zucker
50 g geriebene Mandeln
1 TL Backpulver

Johannisbeergelee
Puderzucker

# *Schwarz-Weiß-Gebäck*

**Zutaten:**
250 g Mehl
100 g Zucker
125 g Margarine
1 Ei
1 Pr. Salz
20 g Kakao

**Zubereitung:**

Mehl auf ein Backbrett sieben. Zucker und Salz darüber streuen und eine Vertiefung in die Mitte drücken. Das Ei in die Mitte geben. Margarine in Flöckchen um den Rand verteilen, alles mit einem Messer krümelig hacken und schnell verkneten. Zu einer Kugel formen und 10 Min. kalt stellen.
Den Teig halbieren und die Hälfte mit dem Kakao verkneten, bis der Teig gleichmäßig braun ist. Den Teig nochmals teilen, aus der einen Hälfte eine schwarz-weiße Schnecke aufrollen, die andere Hälfte in Streifen schneiden und mit Eiweiß zu einem Schachbrettmuster zusammenkleben. Durchkühlen lassen, von der Rolle Scheiben schneiden und 10 Min. bei 200 °C backen.

# *Vanillekipferl*

**Zutaten:**
300 g Mehl
250 g Butter
125 g Zucker
125 g geriebene Mandeln
3 Eigelbe
1 Pck. Vanillinzucker

Zum Wälzen:
mit Vanille gewürzter Puderzucker

**Zubereitung:**

Mehl auf ein Backbrett geben, in die Mitte eine Vertiefung drücken, Zucker, Vanillinzucker, Eigelb zugeben und zu dickem Brei verarbeiten. Mandeln und in kleine Stücke geschnittene Butter zugeben und glatt kneten. 30 Min. ruhen lassen (kühl).
Dann aus dem Teig eine Rolle formen, gleichmäßige Scheiben abschneiden und diese zu Hörnchen formen. Auf leicht gefettetem Blech oder Backpapier ca. 12–15 Min. bei 180 °C backen. Heiß lösen und in Vanillinzucker wälzen.

**H. Gödeke, 1939**

**Zubereitung:**

Eiweiß zu steifem Schnee schlagen. Puderzucker und Zitronensaft zugeben und dickschaumig rühren. Von der Masse ½ Tasse für den Guss wegnehmen, zu dem Rest den Zimt und die Mandeln geben. Kleine Mengen auf einem mit Mehl bestreuten Brett etwa 1 cm dick ausrollen, kleine Sterne ausstechen. Auf einem Blech mit Backpapier etwas abtrocknen lassen, mit dem zurückgelassenen Guss bestreichen. Bei schwacher Hitze hellgelb backen (mehr trocknen). Die Glasur muss weiß bleiben. Die Verarbeitung dieses sehr weichen Teiges erfordert einige Geschicklichkeit.

**Zutaten:**
250 g Puderzucker
450 g geriebene Mandeln
4 Eiweiß
Saft ½ Zitrone
1 gestr. EL Zimt

# *Das große Silvester-Büfett*

**Letzte Handgriffe vor der Eröffnung**

Zum Jahreswechsel haben wir unsere Gäste mit einem großen Büfett überrascht. Die Urlauber blieben in der Regel von Weihnachten bis ins neue Jahr und es wurde in der Silvesternacht kräftig gefeiert. Für eine Personenzahl von 60 bis 80 Gästen machte die Zubereitung eines schönen Büfetts Spaß, auch sollte das Essen am Silvesterabend im Kontrast zu den festlichen Menus der Weihnachtszeit stehen.

Das Erstellen so vieler Rezepte für ein abwechslungsreiches Büfett ist zwar sehr arbeitsaufwendig, lässt sich aber zeitlich gut vorbereiten. Besonders das Schneiden der Salate braucht Zeit, vor allem wenn es auf ganz feine Würfel wie beim „Waidmanns-Gruß" ankommt. Er darf aber wie auch der Heringssalat gut durchziehen und deshalb schon früh vorbereitet werden. Aber gerade einzelne Komponenten dieses klassischen Silvester-Büfetts sind heute mehr als zeitgemäß, so ist z. B. der Waldorfsalat, den ich schon seit meiner Ausbildung kenne, immer noch etwas Besonderes.

Gerade bei Einladungen im privaten Bereich sind die meisten Rezepte, besonders das kalt gereichte Fleisch, sehr gut vorzubereiten und eine Abwechslung zu den heute üblichen kalt-warmen Büfetts.

# *Feiner Geflügelsalat*

**Zutaten:**
1 weich gekochtes Suppenhuhn
1 kl. Dose Spargel
1 kl. Dose Champignons
1 mittelgroße Dose Ananas
Weinbrand nach Belieben

**Salatsoße:**
5 EL Sahne
2–3 EL Öl
1–2 EL Zitronensaft
Senf, Salz
Pfeffer, Curry
etwas Zucker nach Belieben

**Zubereitung:**

Hühnerfleisch, Spargel, Ananas in Streifen schneiden, Champignons halbieren und mit der Salatsoße mischen. Sahne in eine Salatschüssel gießen, die übrigen Salatzutaten am besten mit einem Schneebesen in angegebener Reihenfolge hinzurühren und pikant abschmecken.

# *Heringssalat*

**Zutaten:**
3 gut gehäufte EL Salatmayonnaise
etwas Rote-Bete-Saft
3 hart gekochte Eier
200 g gekochtes Fleisch im Stück (Rind oder Schwein)
200 g eingelegte Rote Beete
2 Äpfel
3 gekochte Kartoffeln
8 eingelegte Heringsfilets
2 kl. Gewürzgurken
Salz, Pfeffer
Zucker

**Zubereitung:**

Mayonnaise mit dem Rote-Bete-Saft in einer großen Schüssel verrühren. Eier pellen. Rote Bete abtropfen lassen, Äpfel schälen, vierteln und entkernen.
Alle Zutaten in kleine Würfel schneiden. Mit der Mayonnaise vorsichtig vermengen, mit Salz, Pfeffer, Zucker, Essig abschmecken, den Salat gut durchziehen lassen.

# *Krabbencocktail*

**Zubereitung:**

Zutaten zu einer Mayonnaise verrühren. Krabbenfleisch etwas zerpflücken, mit Zitronensaft beträufeln. Mandarinen auf ein Sieb geben und abtropfen lassen. Die Eier pellen und in grobe Würfel schneiden. Alles vermengen und die Mayonnaise vorsichtig unterziehen. Mit einem Salatblatt in Gläsern anrichten.
Beilage: Toast mit Butter

**Zutaten:**
Mayonnaise:
1 Eigelb
1 TL Senf
1 EL Essig
2 EL Tomatenketchup
Salz, Zucker
1/8 l Salatöl oder
fertige Mayonnaise mit
2 EL Tomatenketchup
verrühren

Etwa 150 g
Krabbenfleisch
1 EL Zitronensaft
1 kl. Dose Mandarinen
5 hart gekochte Eier

# *Picknick-Salat*

**Zutaten:**
200 g Emmentaler Käse
100 g grüne
Weintrauben
100 g blaue
Weintrauben
2 Birnen
2 EL Zitronensaft
1 kl. Dose Mandarinen
100 g Mayonnaise
1 gestr. TL Salz
½ TL Pfeffer
1 Pr. Zucker
4 EL steife Sahne
2 EL gewiegte Kräuter

**Zubereitung:**

Den Käse in feine Streifen schneiden. Die Weintrauben waschen, halbieren, vom Kernhaus befreien und in Scheiben schneiden. Die Mandarinen abtropfen lassen. Die Birnen schälen, vierteln und in Würfel schneiden, mit dem Zitronensaft überziehen, damit sie nicht braun werden. Die Mayonnaise mit dem Zucker, Pfeffer, Salz, der Sahne und den Kräutern zu einer geschmeidigen Sauce verrühren. Diese über die leicht miteinander gemischten Salatzutaten gießen und den Salat erst bei Tisch richtig mischen.

# *Salat „Colmar“*

**Zutaten:**
200 g rohes Sauerkraut
2 EL Öl
½ Gl. Weißwein
1 EL Weinessig
½ TL Zucker
½ frische reife Ananasfrucht
200 g gares Kasseler
1 säuerlicher Apfel

**Soße:**
2 EL Mayonnaise
Saft ½ Zitrone
2 EL Sahne
gehackte Kräuter
Rosmarinpulver

**Zubereitung:**

Das rohe Sauerkraut mit der Mischung aus Öl, Weißwein, Weinessig und Zucker in einer Schüssel marinieren. Zugedeckt einige Zeit stehen lassen. Die halbe Ananasfrucht aushöhlen, Fruchtfleisch in Würfel schneiden und zum Sauerkraut geben. Kasseler in Würfel schneiden und den ungeschälten, entkernten Apfel in kleine Stücke schneiden. Alles mit der Sauerkrautmischung vermengen und in die Ananas füllen. Der Salat kann so bleiben.
Wer eine Mayonnaise liebt:
Mayonnaise mit Zitrone, Dill, Rosmarin und Sahne verrühren. Nach Belieben nachsalzen. Über den Salat gießen.

# *Salat „Waidmannsgruß“*

**Zubereitung:**

Die Pilze abtropfen lassen und klein schneiden. Die Zwiebeln schälen und klein würfeln. Das Öl erhitzen und die Zwiebelwürfel darin 5 Min. dünsten, mit dem Salz und dem Pfeffer würzen und abkühlen lassen. Den Weinessig und die Kräuter miteinander verrühren. Die Essiggurke sehr fein schneiden und zu dem Essiggemisch geben. Den Reis mit den Pilzen, den Zwiebeln und der Essig-Kräuter-Mischung vermengen. Für die Soße den Zucker im Ananassaft auflösen und mit Cayennepfeffer, Tabascosoße, Pfeffer mit den geraspelten Ananas und dem Zitronensaft glatt rühren.
Das Hasenfleisch fein würfeln und mit der Salatsoße unter den Salat heben. Den Salat in einer Glasschüssel anrichten und mit dem Preiselbeergelee garnieren.

**Zutaten:**
1 Dose gem. Pilze
2 Zwiebeln
6 EL Öl
1 gestr. TL Salz
½ TL Pfeffer
1 TL Weinessig
1 EL Estragon
1 EL gewiegte Petersilie
1 Essiggurke
150 g gekochten Reis
150 g gebratenes Reh- oder Hasenfleisch
Preiselbeeren zum Garnieren

**Salatsoße:**
6 gestr. EL brauner Zucker
2 EL Ananassaft
1 Msp. Cayennepfeffer
2–3 Spritzer Tabascosoße
1 gestr. TL schwarzer Pfeffer
4 EL fein geraspelte Ananas
2 EL Zitronensaft

**Mein Tipp:**

Reh- oder Hasenfleisch ist feinfaseriger als andere Wildarten und eignet sich deshalb besser für diesen edlen Salat.

Damit der Geschmack richtig zur Geltung kommt, sollten alle Zutaten wirklich sehr fein geschnitten werden.

# *Waldorfsalat*

**Zutaten:**
Salat:
1 Sellerieknolle
500 g Äpfel
150 g frische Walnüsse (oder abgezogene Mandeln)
2 EL Zitronensaft
½ TL Zucker
Mayonnaise von 2 Eiern

Mayonnaise:
2 Eigelb
½ TL Salz
1 TL Senf
1 TL Zucker
1 EL Essig (oder Zitronensaft)
ca. ¼ l Öl

**Zubereitung:**

Die geschälte Sellerieknolle in feine Streifen schneiden oder raspeln (oder auch bissfest kochen und dann schneiden) Die Äpfel schälen, vom Kerngehäuse befreien und ebenfalls in Streifen schneiden, mit Zitronensaft beträufeln und mit Zucker bestreuen. Die frischen Walnusskerne enthäuten (oder Mandeln schälen) und fein hacken. Die zerkleinerten Sellerie, Äpfel und Nüsse miteinander vermischen, mit Mayonnaise anmachen und gut durchziehen lassen.

Für die Mayonnaise alle Zutaten außer dem Öl mit dem Handrührgerät oder im Mixer einer Küchenmaschine verrühren. Dann nach und nach das Öl zufügen. Für den Salat mit einigen Löffeln süßer Sahne geschmeidig machen.

**Mein Tipp:**

Für die Mayonnaise sollten alle Bestandteile die gleiche Temperatur haben, sonst gerinnt sie.

# Glasierte Putenschnitzel

**Zubereitung:**

Putenschnitzel in zwei Teile schneiden, mit Salz einreiben und in Palmin von jeder Seite 4 Min. braten. Mit etwas Wasser übergießen und noch 4 Min. mit geschlossenem Deckel schmoren lassen.
Mandarinensaft erhitzen, Curry zufügen; zerkleinerte Mandarinenstückchen ebenfalls zufügen und alles mit der zuvor angerührten Speisestärke andicken. Über die Putenschnitzel ziehen, warm oder kalt servieren.

**Zutaten:**
1 Putenschnitzel
Salz, Palmin
1/8 l Mandarinensaft
1/2 TL Curry
Mandarinenstückchen
1 TL Speisestärke

# Mandelschnitzel

**Zutaten:**
4 Schweineschnitzel
(oder Putenschnitzel)
Pfeffer, Salz
2 EL Mehl
2 Eigelb
60 g blättrige Mandeln
40 g Margarine

**Zubereitung:**

Schweineschnitzel flach drücken und mit Pfeffer einreiben. Mehl und Salz auf einem Teller mischen, auf einem zweiten Teller das Eigelb verquirlen und blättrige Mandeln auf einen dritten Teller geben. Schnitzel in Mehl, Ei und dann in Mandeln wenden. Panade leicht andrücken. Margarine in einer Pfanne erhitzen, Schnitzel darin auf jeder Seite 5 Min. goldbraun braten, rausnehmen, abkühlen lassen.
Für das Büfett auf einer Platte anrichten, mit Zitronenecken und Petersilie garnieren.

# *Hoch dekorierte Medaillons*

**Zutaten:**
**1/2 Rindfilet**
1 TL Salz
1/2 TL grob gemahlener Pfeffer
1 TL Paprika

**1 Schweinefilet**
1/2 TL Salz
1 MS Pfeffer
1 MS gemahlener Kümmel
150 g Butter

1/2 Tasse Fleischbrühe
1/4 l entfettete Fleischbrühe
1/8 l Madeirawein
1/4 TL Salz
4–5 Blatt Gelatine

**Zubereitung:**

Das Rindfilet mit der Gewürzmischung einreiben, ebenfalls das Schweinefilet. Die Butter in der Pfanne zerlaufen lassen. Filets hineinlegen, bei 220 °C die Filets von allen Seiten anbraten. Nach ca. 8 Min. die Fleischbrühe zugeben. Schweinefilet ca. 15 Min., Rindfilet 25 Min. Fleisch erkalten lassen und in ca. 1,5 cm dicke Scheiben schneiden. Bevor die Scheiben dekoriert werden, bekommen sie einen Überzug aus glänzendem Gelee.
Dazu aus der entfetteten Fleischbrühe, Madeirawein und Salz einen Gelee bereiten. Nachdem er fast erkaltet ist, die Medaillons mit einem Pinsel abglänzen. Danach mit Sahnetuffs, Käsecreme, frischem Grün, Obst, Eiern etc. garnieren.

# *Kasseler auf grünem Spiegel*

**Zubereitung:**

Das Kasseler waschen und abtrocknen. Dann in Alufolie packen und auf einem Bratrost mit Fettpfanne ca. 1 Stunde garen.
Für den Spiegel eine große Servierplatte aus Cromargan dünn mit grüner Götterspeise ausgießen und kalt stellen, bis der „Spiegel" sehr fest geworden ist.
Das Kasseler abkühlen lassen und danach in 1 cm dicke Scheiben schneiden. Abwechselnd mit Ananasscheiben auf der Platte mit grünem Spiegel anrichten und noch beliebig dekorieren.

**Zutaten:**
1 kg Kasseler
(ohne Knochen)
Ananasscheiben
grüne Götterspeise

**Garnierungstipps:**
Pfirsichwunder, Philadelphiabirnen

# *Rindslende in Blätterteig*

**Zutaten:**
1 Lende
Speck
Salz, Pfeffer
Fett zum Anbraten
1 EL gehackte Zwiebeln
1 EL gehackte Schalotten
30 g Butter
30 g Öl
250 g gehackte Champignons
2 Tomaten
etwas Kraftsoße
gehackte Petersilie

Blätterteig fertig

**Zubereitung:**

Lende häuten, Speck spicken, mit Salz und Pfeffer würzen, im Fett schön braun braten, abkühlen lassen. Zwiebeln und Schalotten in Butter und Öl anschwitzen, Champignons zugeben und eine Zeit lang mitschwitzen lassen. Tomaten abziehen, klein schneiden und mit der Kraftsoße hinzugeben. Alles kochen, bis alle Flüssigkeit verdunstet ist, mit Salz und Pfeffer abschmecken. Petersilie hinzufügen, kalt stellen.

Den Blätterteig zu einer rechteckigen Form ausrollen, darauf in Größe des Fleisches eine Schicht der Füllmasse streichen, Fleisch darauf legen und an allen Seiten mit Füllmasse umhüllen.
Teigränder mit Eiklar bestreichen, übereinander schlagen und fest die Teigränder aneinanderdrücken. Das Stück kann noch mit ausgestochenen Teigresten oder einem Zopf aus Blätterteig verziert werden.
Mit Eigelb bestreichen und ca. 20 Min. bei 200 °C im vorgeheizten Ofen backen, das Fleisch soll nur zart rosa werden.

**Mein Tipp:**

Blätterteig stets auf einer leicht bemehlten Arbeitsfläche ausrollen. Wichtig beim Ausrollen: Den Teig niemals nur in einer Richtung rollen, sondern stets in zwei Richtungen, nämlich von unten nach oben und von links nach rechts. Wird Blätterteig nur in einer Richtung ausgerollt, so schrumpft er beim Backen ebenfalls nur an einer Seite zusammen.
Blätterteig mit einem scharfen Teigrädchen schneiden oder mit einem dünnen Messer. Sind Teigrädchen oder Messer nicht scharf genug, werden die Teigränder gedrückt statt geschnitten.

# *Roastbeef mit Remouladensoße*

**Zubereitung:**

**Zutaten:**
1 kg Roastbeef
Salz
100 g fetter Speck
1 Zwiebel
2–3 EL Wasser

Das Roastbeef wird gewaschen und abgetrocknet. Kurz vor dem Braten wird die Haut eingeritzt, das Fleisch mit Salz eingerieben und mit Speckstreifen belegt. Mit der Fettschicht nach oben auf den gefetteten Rost gelegt, den man in den vorgeheizten Ofen über die Fettpfanne auf die Mittelschiene setzt. Wenn das Fleisch eingeschoben wird, gibt man in die Pfanne 2 EL heißes Wasser und die Zwiebeln. Kurz vor dem Ausschalten nach Belieben ein Stückchen Butter zusetzen.
Einsetzen: Auf Rost mit Fettpfanne, mittlere Schiene
Braten: 40–50 Min. auf 220–240 °C
5–10 Min. im abgeschalteten Ofen stehen lassen.
Das Roastbeef sollte innen rosa bis rot sein.
Für jedes weitere ½ kg Fleisch kann man eine 5 Minuten längere Bratdauer rechnen.

Für die Remouladensoße 5 hart gekochte, klein gewürfelte Eier, 4 klein gewürfelte Gewürzgurken und 2 Esslöffel gehackte Petersilie mit Mayonnaise vermengen und mit Zitrone, Salz und Pfeffer abschmecken.

**Mein Tipp:**

Das Roastbeef wird nur zart, wenn es lange genug abgehangen ist – unbedingt beim Fleischer nachfragen!

# *Hefe-Fettgebäck (Berliner)*

**Zutaten:**
500 g Mehl
100 g Fett
40 g Hefe
ca. 1/8 l Milch
2 Eier
1 Prise Salz
60 g Zucker
Schale einer Zitrone
Backfett

**Zum Füllen:**
Dicke Marmelade oder Pflaumenmus

**Zubereitung:**

Einen Hefeteig herstellen und den gut gegangenen Teig 1 cm dick ausrollen und runde Formen ausstechen. Die Hälfte davon am Rand mit Eiweiß bestreichen, in die Mitte etwas Marmelade geben, ein leeres Plätzchen darauflegen und die Ränder zusammendrücken. Auf bemehltem Brett gut gehen lassen, mit der oberen, aufgegangenen Seite nach unten in so viel dampfend heißes Fett legen, dass sie schwimmen. Langsam auf beiden Seiten goldbraun backen, auf einem Sieb abtropfen lassen und noch heiß in Zucker wenden oder mit Zuckerglasur bestreichen.

# *Biskuit-Charlotte*

**Zubereitung:**

Eigelb, Zucker, Milch und Salz mischen, ins Wasserbad stellen, bei kleiner Hitze mit dem Schneebesen schlagen bis kurz vor dem Kochen. Vom Herd nehmen, Gelatine einweichen, ausdrücken, auflösen und einrühren. Fruchtcocktail abtropfen lassen und mit Cointreau unter die Creme rühren und abkühlen lassen. Eiweiß und Sahne steif schlagen; unter die Creme heben, wenn sie dick zu werden beginnt. Vier kleine Marmeladengläser mit Löffelbiskuit auslegen. Creme einfüllen. Im Kühlschrank erstarren lassen. Vor dem Servieren auf einen Teller stürzen, mit je einer hauchdünnen Apfelsinenscheibe, einer Kirsche aus den Cocktailfrüchten und einem Blatt der Zitronenmelisse garnieren.

**Zutaten:**
2 Eigelb
30 g Zucker
¼ l Milch
1 Prise Salz
6 Blatt weiße Gelatine
1 Tasse Fruchtcocktail
1 Vanillezucker
1 Likörglas Cointreau oder Kirschwasser
2 Eiweiß
¼ l Sahne
1 Pck. kurze Löffelbiskuits
6–8 Kirschen

**Mein Tipp:**

Im Sommer lassen sich natürlich gut frische Früchte verwenden.
Die Garnierung kann gut der jeweiligen Jahreszeit angepasst werden, im Sommer z. B. mit Kirschen, Johannisbeeren oder Erdbeeren dekorieren.

# *Hörnchen (Eiserkuchen, gefüllt mit Sahne)*

**Zutaten:**
65 g Pfund Butter
250 g Zucker
1 Pck. Vanillinzucker
2 Eier
1 MS Zimt
ca. $^{3}/_{8}$ l Wasser
250 g Mehl

**Zubereitung:**

Butter, Zucker, Eier schaumig rühren, dann den Vanillinzucker und Zimt hinzugeben. Mehl und Wasser abwechselnd einrühren, bis der Teig ziemlich dünn ist. Im Eiserkucheneisen abbacken und sofort noch heiß zu Hörnchen aufrollen. Wenn sie abgekühlt sind, können sie z. B. mit Sahne oder mit Eis gefüllt werden.

**Mein Tipp:**

Wenn sie gefüllt werden sollen, müssen die Hörnchen an einer Seite spitz und geschlossen sein. Das gelingt gut mit einem Holzlöffelstiel.

# *Makronen-Sahnecreme*

**Zubereitung:**

Die Speisestärke mit Milch anrühren. Die restliche Milch unter gelegentlichem Rühren mit Salz, Vanillemark und Zucker aufkochen.
Mit der Speisestärke binden. Aufkochen. Vom Herd nehmen, kalt stellen. Dabei gelegentlich umrühren. Sahne steif schlagen. 4 EL im Spritzbeutel kühl stellen. Übrige Sahne locker unter die Creme heben.
Makronen mit dem Cognac tränken. Abwechselnd mit der Sahnecreme in 4 Dessertgläser schichten. Im Kühlschrank kalt werden lassen. Jedes Glas mit einer Sahnerosette, Makronen und geraspelter Schokolade garnieren.

**Zutaten:**
3 gestr. EL Speisestärke
3/8 l Milch
1 Pr. Salz
Mark einer Vanillestange
5 EL Zucker
1/4 l Schlagsahne
50 kleine Makronen (Suppenmakronen)
3 EL Cognac

**Zum Garnieren:**
kl. Makronen
geraspelte zartbittere Schokolade

# *Obstsalat mit frischer Ananas*

**Zubereitung:**

Die Ananas halbieren, das Fruchtfleisch auslösen und würfeln. Das übrige Obst würfeln, vermengen und mit Puderzucker bestäuben, durchziehen lassen. Mit dem Cointreau abschmecken. In die Ananas füllen, die Ränder mit Sahne garnieren oder das Ananas-Laub mit Blumen bestecken.

**Zutaten:**
1 Ananas
1 Apfel
2 Birnen
100 g helle Trauben
Puderzucker
1 EL Cointreau

# *Rote Grütze*

**Zutaten:**
500 g Obst (Sauerkirschen, Him beeren, Johannisbeeren, Erdbeeren, Stachelbeeren je nach Geschmack und Angebot)
$^1/_4$ l Johannisbeersaft oder Himbeersaft
80 – 100 g Zucker (je nach Säure der Früchte)
1 Vanillinzucker
2 EL Zitronensaft
1 Pr. Zimt
40 g Speisenstärke
$^1/_8$ l Rotwein oder Wasser

**Zubereitung:**

Das Obst waschen und putzen. Mit Johannisbeersaft, Zucker, Vanillinzucker, Zitrone und Gewürzen im Topf kurz garen, die Himbeeren erst zuletzt zugeben, damit sie ganz bleiben. Speisestärke mit Wasser oder Rotwein verquirlen und unter das Obst geben, 1 Minute kochen lassen. Die fertige Grütze in Portionsschalen oder große Glasschalen füllen und erkalten lassen. Mit Vanillesoße oder flüssiger Sahne servieren.

**Mein Tipp:**

Statt frischer Früchte kann auch gefrorenes Obst verwendet werden. Besonders im Winter schmeckt diese Fruchtspeise sehr erfrischend.

Statt Rotwein zu verwenden kann man die Rote Grütze auch mit 2 EL Kirschwasser abschmecken, aber natürlich auch ganz ohne Alkohol zubereiten.

Die Rote Grütze sollte gut durchziehen, sie kann bei hohem Arbeitsaufwand schon sehr gut am Vortag zubereitet werden.

# *Rotweingelee mit Früchten*

**Zutaten:**
$^{2}/_{3}$ l Wein
$^{1}/_{3}$ l Wasser
Zucker nach Geschmack
Zitrone
3 knackige Äpfel
12 Bl. rote Gelatine

**Zubereitung:**

Den Wein, Wasser mit Zucker und Zitrone abschmecken. Die Gelatine kalt einweichen, ausdrücken, mit wenig heißer Flüssigkeit lösen. Etwas Flüssigkeit vom Wein-Wasser-Gemisch abnehmen und die aufgelöste Gelatine gut und schnell damit verrühren, dann alles unter gesamte Menge rühren.
In Stielgläser gehobelte Äpfel geben und den Rotweingelee darauf füllen, nach dem Erstarren mit Sahne garnieren.

# *Rumcreme*

**Zutaten:**
4 Eier
130 g Zucker
5 cl Rum (mit Wasser zu $^{1}/_{4}$ l auffüllen)
4 Blatt Gelatine
$^{1}/_{8}$ l Sahne zum Garnieren

**Zubereitung:**

Eigelb und Zucker schaumig rühren. $^{2}/_{3}$ der Flüssigkeit unterrühren. In dem Rest die vorher eingeweichte Gelatine auflösen und unterrühren. Kalt stellen, bis sich mit dem Löffel Furchen ziehen lassen. Dann den Eischnee unterheben.
In Gläser füllen, mit Sahne garnieren und kalt stellen.

# *Buttermischungen*

**Zubereitung:**

Die Buttermischungen sind jeweils für 125 g zimmerwarme Butter angegeben. Sie können natürlich noch beliebig je nach Geschmack variiert werden und sind das i-Tüpfelchen auf frisch gebackenem Brot.

**Kräuterbutter**

1 EL fein gehackte Kräuter, auch gefroren (Petersilie, Schnittlauch, Kerbel, Kresse)
1 durchgepresste Knoblauchzehe
1 TL Zitronensaft
Etwas Salz

**Olivenbutter**

2 EL Olivenöl
6 grüne entsteinte Oliven
1 EL gehacktes Basilikum
1 durchgepresste Knoblauchzehe

Butter mit Olivenöl cremig rühren, die Oliven hacken und Basilikum und evtl. Knoblauch unterziehen.

**Sardellenbutter**

2 Sardellen (in Salzlake)
2 EL Kapern
Salz

Die Sardellen abspülen, trocken tupfen und mit den fein gehackten Kapern unter die Butter rühren. Sparsam mit Salz abschmecken.

**Paprikabutter**

½ rote Paprikaschote
1 TL Paprikapulver (edelsüß oder rosenscharf)
1 TL Senf

Die Paprikaschote waschen, putzen und ganz klein würfeln. Mit Paprikapulver und Senf zur Butter geben.

# *Delikate Gurkentürmchen*

**Zubereitung:**

Die Gurke gut waschen und in 3–4 cm lange Stücke schneiden. Kerne herauslösen. Die Butter mit den Kräutern, Salz, Pfeffer, Cayennepfeffer und zerdrückten Sardellenfilets recht schaumig rühren. Die gekochten Eier fein würfeln und mit dem Sellerie zu der Masse geben. Die ausgehöhlten Gurkenstücke damit füllen. Die Tomatenhälften mit der Schnittseite nach oben auf ein Brett legen, mit der Salatsoße beträufeln, kurz einziehen lassen. Dann die Tomaten als Deckel auf die Gurkenstücke legen.

**Zutaten:**
½ feste Salatgurke
50 g Butter
½ TL scharfer Senf
¼ TL Salz
1 Msp. Cayennepfeffer
gehackte Petersilie
gehackter Dill
1–2 Sardellenfilets
1 hart gekochtes Ei
1 EL geriebener Sellerie
2 Tomaten
1 EL italienische Salatsoße

# *Frühlingssülzchen*

**Zutaten:**
¼ l Weißwein
¼ l Wasser
1 TL Salz
2 EL Zitronensaft
1 Spritzer Worcestersoße
6 Tropfen Tabasco
10 Blatt weiße Gelatine
3 EL geh. gem. Kräuter
2 hart gekochte Eier
½ TL gare Karotten (gewürfelt)
½ Tasse Erbsen aus der Dose
1 Tasse gek. Krabben

**Zubereitung:**

Den Weißwein mit Wasser erhitzen (nicht kochen) und das Salz, den Zitronensaft, die Worcestersauce und Tabasco zugeben. Die vorher im Wasser aufgelöste Gelatine zugeben, die gehackten Kräuter unterrühren. Den Boden kleiner Förmchen mit Brühe begießen. In jedes Förmchen 1–2 Eierscheiben legen, darauf Karotten, Erbsen und Krabben füllen und die Sülzbrühe darüber gießen, erstarren lassen.
Die fertige Sülze auf Tellerchen stürzen und auf Salatblättern anrichten.

# *Delikatess-Ananastörtchen*

**Zutaten:**
4 gesalzene Mürbeteig-torteletts
50 g gek. Schinken
50 g gebratenes Hühnerfleisch
100 g gekochte Krabben
50 g Ananasscheiben
2–3 EL Mayonnaise
1 Msp. Cayennepfeffer
4 Kompottkirschen
Petersilienstrauß

**Zubereitung:**

Den mageren gekochten Schinken und das Hühnerfleisch ohne Haut in kleine Würfel schneiden und in einer Schüssel mit den Krabben vermischen. Dazu zwei in kleine Würfel geschnittene Ananasscheiben geben. Die Mayonnaise mit dem Cayennepfeffer würzen und damit das Fleisch-Fruchtgemisch anrühren. Dann dieses in die Torteletts füllen. Jedes Törtchen säuberlich mit einer Ananasscheibe abdecken, mit einer Kirsche und Petersilie garnieren.

# *Eier in Portweingelee*

**Zubereitung:**

Schinken und Champignons in kleine Würfel schneiden. Walnüsse hacken, alles mischen und in 4 Kelchgläser füllen, darüber flüssigen Aspik gießen, bis die Gläser zu $^2/_5$ gefüllt sind. Kalt stellen, bis Masse fertig ist. Eier 6 min. kochen, abschrecken, pellen und in die Gläser setzen. Eier mit Basilikumblättern garnieren. Wein oder Madeira mit dem restlichen Aspik vermischen, über die Eier gießen, bis sie bedeckt sind. Nochmals kalt stellen, bis die Masse erstarrt. Ränder mit gehackter Petersilie garnieren.

**Zutaten:**
½–¾ l Aspik
100 g gekochter Schinken
100 g Champignons
10 Walnüsse
4 Eier
12 Basilikumblättchen
2–3 EL Portwein oder Madeira
1 EL gehackte Petersilie

# *Pfirsichwunder*

**Zutaten:**
8 Pfirsichhälften
2 EL Orangen-
marmelade
3 Pck.
Frischkäse à 62,5 g
4 EL frische Sahne
1 Eigelb
1 TL Salz
1 Msp. Cayennepfeffer
1 Msp. Ingwerpulver
2 TL Zitronensaft
1 TL Paprika
1 Zitrone

**Zubereitung:**

Die Pfirsichhälften aus der Dose nehmen und gut abtropfen lassen. Auf eine Platte legen. Die Orangenmarmelade in die Vertiefung der Pfirsiche füllen. Den Frischkäse in einem Schüsselchen mit der Sahne und dem Eigelb glatt rühren und mit Salz, Cayennepfeffer, Ingwer und Zitronensaft gut würzen. Diese Käsecreme in einen Spritzbeutel füllen und eine dicke Rose auf die Pfirsiche spritzen. Jede Rose noch mit Paprika überstäuben und mit Zitronenschnitzeln versehen.

# *Philadelphia Birnen*

**Zubereitung:**

Die reifen Birnen längs halbieren und das Kerngehäuse sorgfältig ausstechen. Den Frischkäse (Philadelphia oder Gervais) mit dem Eigelb, der sauren Sahne, dem Zitronensaft, Salz, Cayennepfeffer und Paprika pikant abschmecken. Diese Mischung auf die Birnenhälften häufen. Auf jede Hälfte dann eine Scheibe zusammengerollten gek. Schinken. Die Birnen mit Petersilie garnieren.

**Zutaten:**
2 gr. Reife Williams
Christbirnen
2 Pck.
Frischkäse à 62, 5 g
1 Eigelb
2 EL saure Sahne
1 TL Zitronensaft
1 TL Salz
1 Msp. Cayennepfeffer
1 TL Paprikapulver
4 Sch. gek. Schinken
Petersilie

# *Gefüllte Eier*

**Zubereitung:**

Geschälte, hart gekochte Eier der Länge nach in Hälften teilen oder die Kuppe abschneiden. Das Eigelb vorsichtig herausnehmen, durch ein Sieb streichen, mit Salatöl, Zitronensaft, Senf und Salz zu einer geschmeidigen Masse verrühren und recht hoch in die Eierhälften oder ganzen Eier füllen (spritzen). Die Eier auf Salatblättern anrichten und garniern.

**Veränderung:**
Unter die Eigelbfüllung gedünstete, fein geschnittene Pilze, Tomatenmark, fein gewiegte grüne Kräuter, fein gehackte Sardellen oder fein gehackten rohen Schinken rühren und vorsichtig mit Salz abschmecken.

**Mein Tipp:**

Statt des rohen Schinkens eignet sich auch sehr gut unsere lippische Kohlwurst (sie muss noch schön weich sein). Das Eigelb und die Kohlwurst werden mit einer Gabel zerdrückt und mit etwas süßer Sahne geschmeidig gemacht. Dann ebenfalls in die Eierhälften füllen.

# Heringsrollen mit Meerrettichsahne

**Zubereitung:**

Die Sahne mit Sahnesteif fest schlagen. Meerrettich unterrühren, mit Salz abschmecken. Die Heringsfilets gut abtropfen lassen, mit der Meerrettichsahne bestreichen, aufrollen, die Heringsröllchen auf Salatblättern mit Zitronenscheiben anrichten und frischer Petersilie garnieren.

**Zutaten:**
1/8 l Sahne
1 Pck. Sahnesteif
1 geh. TL Meerrettichsahne
Salz
6 eingelegte Heringsfilets
Salatblätter
Zitronenscheiben

# Käsestangen

**Zutaten:**
350 g Mehl
25 g Hefe
1/8 lauwarme Milch
80 g Margarine
1 TL Salz

2 Eigelbe
2 EL Wasser
100 – 200 g geriebener Käse (Gouda)
1 TL Paprika, Kümmel, Sesam

**Zubereitung:**

Einen Hefeteig herstellen und 20 – 30 Min. gehen lassen.
Den Teig 4 mm dick ausrollen. Die Eigelbe mit 2 EL Wasser verrühren, eine Hälfte Teig damit bestreichen. Den geriebenen Käse darauf streuen. Die andere Teighälfte darüber schlagen und wieder 4 mm dick ausrollen.
Die Teigplatte in 2 – 3 cm dicke Streifen schneiden und diese zu einer Spirale drehen.
Mit Eigelb bestreichen und Kümmel, Paprika oder Sesam bestreuen.
Backzeit: 15 – 20 Min. bei 220 °C

Leckere Schweinefilets

Beim Aufschlagen von Fernsehzeitungen springen uns die verschiedensten Kochshows ins Auge. Der Austausch über besondere Rezepte, internationale Einflüsse bis hin zu Kreationen einer „Lippisch-Italienischen-Küche" im Varus-Jahr-2009 ist aktuell und in aller Munde.

Vor 35 Jahren, als ich gebeten wurde, an der VHS-Lemgo Kochkurse zu leiten, gab es andere Aspekte:
In vielen Haushalten wurden Kochkenntnisse nicht weitergegeben, da die jüngeren Frauen ganz andere Interessen hatten.
Andererseits war es die Zeit neuerer Trends als Gastgeber. Es hielten vielseitige, moderne und schnell zuzubereitende Rezepte Einzug in die Küche.
So standen 10 Jahre lang die abendlichen Kochkurse an der VHS in unserer Gemeinde unter dem Motto „Modernes Kochen und Backen".
In dieser Zeit habe ich neben der Vermittlung von Grundlagenwissen, welches besonders von jüngeren Frauen und auch damals schon einigen Männern gefragt war, viele neue Rezepte und Ideen ausprobiert, weiterentwickelt und weitergegeben.
Natürlich flossen diese Rezepte und Ideen auch in meinem Betrieb in die Gästebewirtung ein. Es erschienen z. B. die „Italienisch gefüllten Eierkuchen" oder die „Champignontorte" schon im Betrieb bei den abendlichen Vorspeisen für unsere Hausgäste und wurden mit Begeisterung aufgenommen. Sie verdrängten allerdings nie den „Lippischen Pickert" oder die „Kartoffelklöße mit warmem Obst" von der Beliebtheitsskala.

Ich würde mich freuen, wenn auch für Sie noch spannende und neue Rezepte zum Nachkochen dabei sind.

# *Blumenkohlsuppe*

**Zutaten:**
250 g Blumenkohl
½ l Wasser
Salz
40 g Fett
40 g Mehl
1 l Flüssigkeit
(Blumenkohlwasser,
Brühe oder Milch)
1 Eigelb
1 EL Wasser
1 Pr. Muskat
Zitronensaft, Salz

**Zubereitung:**

Den Blumenkohl putzen, in Röschen teilen und waschen. Mit Wasser und Salz ankochen und nicht zu weich garen. Die Blumenkohlbrühe abgießen und auffangen.
Das Fett erhitzen, das Mehl dazugeben und unter ständigem Rühren hellgelb dünsten. Mit Flüssigkeit unter Rühren ablöschen, aufkochen und etwas in der Nachwärme quellen lassen.
Das Eigelb mit dem 1 EL Wasser verrühren und in die nicht mehr kochende Suppe rühren.
Die Suppe mit Salz, Zitronensaft und Muskat abschmecken.
Die Blumenkohlröschen wieder in die Suppe geben und erwärmen.

**Mein Tipp:**

Nach diesem Grundrezept können auch andere gebundene Suppen, z. B. Selleriecremesuppe, Spargelsuppe, Pilzsuppe, natürlich mit einer Abwandlung der Gewürze oder auch der Zugabe von süßer Sahne oder Crème fraîche zubereitet werden.

# *Brokkolicremesuppe*

**Zutaten:**
1 Zwiebel
1 große Kartoffel
½ Liter Gemüsebrühe
500 g Brokkoli
200 ml Sahne
Salz, Pfeffer
Muskat
1 EL Butter

**Zubereitung:**

Die Zwiebel abziehen und die Kartoffel schälen, dann beide Zutaten würfeln.
Die Butter in einem Topf erhitzen und zunächst die Zwiebel darin andünsten, anschließend die Kartoffel zufügen und erneut kurz dünsten.
Danach die Gemüsebrühe angießen und zum Kochen bringen.
Den Brokkoli waschen und in kleine Röschen teilen, den Stiel schälen und in Würfel schneiden, zusammen zu den Kartoffeln geben.
Die Brokkolicremesuppe zunächst für ca. 10 Min. auf kleiner Stufe köcheln, gelegentlich umrühren. Dann einige Brokkoli-Röschen aus der Suppe nehmen und für später zur Seite legen, die Brokkolicremesuppe dann mit einem Stabmixer pürieren.
Die Suppe nun mit der Sahne und den Gewürzen verfeinern und für weitere 5 Minuten köcheln lassen.
Die zur Seite gelegten Brokkoli-Röschen in kleine Stücke teilen und wieder zur Suppe geben.
Die Brokkolicremesuppe kann zuletzt noch einmal mit Salz und Pfeffer abgeschmeckt werden.

**Mein Tipp:**

Durch die Zugabe der Kartoffel wird die Brokkolicremesuppe richtig sämig.
Das Rezept kann auch für andere Gemüsesorten verwendet werden, z. B. Blumenkohl.

# *Französische Zwiebelsuppe*

**Zutaten:**
300 g Zwiebeln
2 Knoblauchzehen
40 g Butter
oder Margarine
20 g Mehl
1 ¼ l heiße
Fleischbrühe
Salz, Pfeffer

1 Scheibe Weißbrot
50 g Frischkäse
(Philadelphia)
1 Ei
Parmesankäse, Salz

**Zubereitung:**

Die Zwiebeln schälen und in Ringe schneiden. Knoblauchzehen schälen und fein würfeln. Butter im Topf erhitzen, Zwiebeln und Knoblauch darin hellgelb rösten. Mit Mehl bestäuben, unter Rühren 5 Min. durchschwitzen lassen. Mit der Fleischbrühe auffüllen. 20 Min. bei kleiner Hitze kochen lassen. Mit Salz und Pfeffer kräftig abschmecken.
Weißbrot toasten. Aus Ei, Frischkäse und Salz eine weiche Masse rühren und dick auf das Weißbrot streichen. Dazu eignen sich Ecken oder kreisförmig ausgestochene Scheiben. Diese auf die eingefüllte Suppe geben, mit Parmesankäse überstreuen und unter dem Grill überbacken.

# *Kartoffel-Lauch-Suppe*

**Zubereitung:**

*für 4 Personen*

Kartoffeln würfeln, Porree in 1 cm dicke Stücke schneiden, Zwiebel würfeln. Alles andünsten. Mit ca. 1 l Brühe auffüllen und gar kochen. Wenn die Suppe etwas abgekühlt ist, mit dem Pürierstab pürieren. Mit Salz, Sahne, Crème fraîche abschmecken.
Kurz vor dem Servieren Dill und Lachs- oder Schinkenstreifen zufügen.

**Zutaten:**
375 g Kartoffeln
375 g Porree
1 Zwiebel
60 g Fett
1 l Brühe
Salz, Dill
Sahne
Crème fraîche
Lachs- oder
Schinkenstreifen

**Mein Tipp:**

Man kann das Gemüse in Kräuterbutter andünsten, es ergibt sich gleich ein schöner und kräftiger Geschmack.

Wird die Suppe portionsweise serviert, kann man Crème fraîche als Häubchen in die Suppentasse oder den Suppenteller geben und mit den Lachsstreifen garnieren.

# *Klare Ochsenschwanzsuppe*

**Zutaten:**
Fett zum Anbraten
500 g Ochsenschwanz
1 kl. Zwiebel
Suppengrün
2 Nelken
2 Pfefferkörner
1 Lorbeerblatt
1 Wacholderbeere
1 ½ l Wasser
Salz
1 Pr. Zucker
Weinbrand
frische gehackte
Petersilie

**Zubereitung:**

Den Ochsenschwanz gründlich waschen, abtrocknen, in 3 cm lange Stücke schlagen und auf hoher Stufe in dem Fett braun rösten. Zuletzt Zwiebel und Suppengrün kurz mit durchschwitzen. Dann das Wasser kalt auffüllen, Salz und Gewürzdosis zufügen und alles bis kurz vorm Kochen bringen; auf Stufe I schalten und so lange sieden, bis das Fleisch weich ist. Die Brühe durch ein Sieb geben, wenn nötig entfetten und das Fleisch von den Knochen lösen.
Die Suppe mit Salz und einer Prise Zucker und etwas Weinbrand abschmecken. Als Einlage das in Streifen geschnittene Fleisch und die Petersilie hineingeben.

# *Tomatencremesuppe*

**Zutaten:**
6 Tomaten
1 Zwiebel
Butter
Salz, Pfeffer
2 TL Tomatenmark
1 l Wasser u.
1 Brühwürfel oder
1 l Brühe
Basilikum
Sahne

**Zubereitung:**

Die Tomaten waschen, Stiel herausnehmen, überbrühen und abziehen, in Stücke schneiden. Die Zwiebel schälen und würfeln. Etwas Butter in einem Topf auslassen und die Zwiebel glasig werden lassen. Tomaten dazugeben und alles andünsten. Mit Wasser oder Brühe auffüllen und zum Kochen bringen.
Alles 10 bis 15 Minuten kochen lassen. Etwa 2 Teelöffel Tomatenmark in die Suppe rühren und mit Pfeffer und Salz abschmecken. Zum Schluss die Suppe mit einem Löffel Sahne abrunden. Nach Geschmack etwas Basilikum in die Suppe geben. Die Tomatensuppe mit einem Tupfer geschlagene Sahne und frischer gehackter Petersilie servieren.

# *Blumenkohlgeheimnis*

**Zutaten:**
1 großer Blumenkohl
250 g Hackfleisch
1 alte Semmel
1 Ei
1 kleine Zwiebel
Salz, Pfeffer
Paprika
Senf, Curry
40 g Fett
40 g Mehl
½ l Blumenkohlwasser
1 Ei getrennt
Salz, Pfeffer
wenig Muskat
etwas Zitronensaft
Weißwein
Semmelbrösel
Butterflöckchen

**Zubereitung:**

Blumenkohl in Salzwasser fast gar kochen und abkühlen lassen. Aus Hackfleisch, dem eingeweichten Semmel, Ei, Zwiebelwürfeln und Gewürzen einen pikanten Hackfleischteig bereiten und Blumenkohl damit vom Strunk aus füllen (restlichen Fleischteig etwas andrücken). Aus Fett, Mehl und Blumenkohlbrühe eine helle, sämige Soße bereiten, abschmecken und mit Eigelb legieren. Eiweiß steif schlagen und unter die fertige Soße heben. Gefüllten Blumenkohl mit den Röschen nach oben in eine gefettete Auflaufform setzen, mit der Soße überziehen und mit Semmelbröseln und Butterflöckchen belegen.
In etwa 30–40 Min. bei guter Hitze im vorgeheizten Backofen überbacken.

**Mein Tipp:**

Zum Legieren das Eigelb in eine Kelle geben, verrühren, mit etwas heißer Soße vermischen und langsam unterrühren. Die Soße darf nicht mehr kochen.

# *Emmentaler Käsegratin*

**Zutaten:**
1 kg gekochte Pellkartoffeln
Margarine zum Einfetten
200 g geriebener Emmentaler Käse
½ l Milch
1 Ei
Salz
1 EL gehackte Petersilie
1 Zwiebel

**Zubereitung:**

Die Pellkartoffeln abziehen und in Scheiben schneiden. Eine Auflaufform einfetten. Kartoffelscheiben einschichten und jede Schicht mit Käse bestreuen. Milch mit Ei, Salz und gehackter Petersilie verquirlen. Die Zwiebel schälen, fein würfeln und dazugeben. Alles über die Kartoffeln gießen, als letzte Schicht kommt der geriebene Käse. Auflauf in den vorgeheizten Ofen schieben.
Bei 180 °C ca. 45 Min. backen.

# *Zwiebeln im Reisbett*

**Zubereitung:**

Zwiebeln schälen, im Salzwasser kochen, herausnehmen. ½ l Brühe aufheben, Zwiebeln mit einem Messer kreuz und quer einschneiden und mit einem Löffel aushöhlen.
Brösel in Wasser und Sahne quellen lassen, Hackfleisch mit den Zutaten mischen, eingeweichte Semmelbrösel und das ausgelöste, klein geschnittene Zwiebelinnere zugeben und einen weichen Fleischteig rühren. Wenn er zu fest ist, noch etwas Wasser zugeben. Die Zwiebeln mit Hackfleisch füllen. Butterflöckchen belegen, in feuerfeste Formen setzen, mit heißer Zwiebelbrühe übergießen und bei 200 °C ca. 30 Min. backen.

Reis im Salzwasser körnig kochen. Mit Safran gelb färben und mit Tomatenpaprika mischen. Zwiebeln mit dem Reis umlegen.

**Zutaten:**
4 gr. gelbe Zwiebeln
1 l. Salzwasser
1 EL Semmelbrösel
3 EL Sahne
3 EL Wasser
200 g Hackfleisch
Salz, Pfeffer
½ TL Paprikapulver
1 EL Butter

Reisbett:
2 Tassen Reis
4 Tassen Salzwasser
½ TL Safran
2 EL Tomatenpaprika
klein geschnittene Zwiebeln

# *Bienenkorb*

**Zutaten:**
250 g Makkaroni
Salz
1 altes Brötchen
375 g gemischtes Hackfleisch
2 Eier
2 Zwiebeln
1 EL Petersilie
Pfeffer, Muskat
1 Prise Paprika
Margarine

Soße:
250 g grüne Paprikaschoten
250 g Tomaten
¼ l Brühe
1 Prise Zucker
Salz, Pfeffer
Paprika
2 TL Speisestärke

**Zubereitung:**

Die Makkaroni unzerkleinert in gesalzenem Wasser 10 min. kochen, auf ein Sieb schütten, mit kaltem Wasser abschrecken, gut abtropfen lassen, Brötchen in Wasser einweichen, gut ausdrücken, zum Hackfleisch geben, geschälte und gehackte Zwiebeln, Eier und Petersilie, wie auch Salz und Pfeffer, Muskat und Paprika drüberstreuen. Den Fleischteig gut mischen und abschmecken. Eine runde feuerfeste Form einfetten und den Boden spiralförmig mit Makkaroni auslegen. Sofort nach den Nudeln den Fleischteig hineingeben, damit die Nudeln nicht verrutschen. Die Form mit einem Deckel verschließen und ins Wasserbad stellen. Die Form darf nur bis zur Hälfte im Wasserbad stehen. Den Bienenkorb 50–60 Min. bei kleiner Hitze garen. Die Form aus dem Wasser nehmen, leicht abkühlen lassen und auf eine vorgewärmte Platte stürzen.
Während der Bienenkorb kocht, die Paprikaschoten entkernen, waschen und in kleine Stücke schneiden. Die Tomaten häuten und würfeln, beides mit der Prise Zucker 15 Min. garen. Eventuell nachsalzen und mit Pfeffer und Paprika würzen. Speisestärke mit kaltem Wasser glatt rühren. Gemüsesoße damit binden.

# *Fisch „Gärtnerin“*

**Zubereitung:**

Den Fisch waschen, abtrocknen, mit Zitronensaft beträufeln und etwa 15 Min. stehen lassen. Den Fisch mit Salz, Pfeffer und Paprika bestreuen und in die Mitte des abgetrennten Bratfolienstückes setzen. Das abgetropfte Gemüse auf den Fisch legen, mit Salz bestreuen und mit Butterflöckchen belegen. Die Bratfolie nach Vorschrift verschließen und das Paket auf dem Rost in die Mitte des Backofens schieben.
Backzeit: ca. 25–30 Min. bei 200 °C.
Das Gericht mit Petersilie bestreuen.

**Für die Soße:**
Die Zwiebeln abziehen und würfeln. Die Champignons abtropfen lassen und von der Flüssigkeit 1/8 l abmessen. Das Fett zerlassen, die Zwiebel darin hellgelb rösten, die Champignonstücke hinzufügen, kurz durchdünsten lassen, mit Weizenmehl bestäuben und kurz erhitzen. Die Champignonflüssigkeit hinzufügen und mit einem Schneebesen durchschlagen. Die Soße zum Kochen bringen, etwa 5 Min. ziehen lassen und mit Salz und Pfeffer abschmecken. Die Petersilie hinzufügen.

**Zutaten:**
1 küchenfertiger Goldbarsch oder Kabeljau
1 EL Zitronensaft
Salz
Pfeffer
Paprika
250 g Erbsen und Karotten (aus der Dose)
250 g Stangenspargel (aus der Dose)
evtl. etwas Butter
1 EL gehackte Petersilie

**Champignonsoße:**
1 kl. Zwiebel
200 g Champignons
20 g Butter oder Margarine
15 g Mehl
Salz
Pfeffer
1 EL gehackte Petersilie

# *Fischpasteten*

**Zutaten:**
6 Blätterteigpasteten
20 g Butter
20 g Mehl
¼ l Fleischbrühe
200 g geräuchertes Heilbuttfilet
150 g tiefgekühlte Scampi
150 g Champignons
280 g Spargel
Salz, Pfeffer
3 EL Sahne
½ TL Dillspitzen
4 TL Zitronensaft
Petersilie

**Zubereitung:**

Pasteten im vorgeheizten Backofen 10 Min. aufbacken. In der Zwischenzeit Butter im Topf erhitzen, Mehl einrühren und mit Fleischbrühe auffüllen. Gut mit dem Schneebesen schlagen. Die Heilbuttfilets in gleichmäßige Stücke schneiden, Scampi auftauen, Spargel in Stücke schneiden und alle Zutaten hinzugeben und erhitzen. Jedoch 6 Scampi, 6 Spargelspitzen und einige Champignons zurücklassen. Mit Salz und Pfeffer abschmecken. Vom Herd nehmen, Sahne einrühren, Dillspitzen und Zitronensaft damit mischen. Mit Petersilie garnieren. Pasteten mit der Masse füllen, anrichten und garnieren.

**Mein Tipp:**

Bei Pasteten ist es besonders wichtig, vorgewärmte Teller zu benutzen, da sie sehr schnell abkühlen.

# *Gebratener Hahn, mit Obst gefüllt*

**Zutaten:**
1 junger Hahn
Salz, Petersilie
60 g Butter
Curry

Für die Füllung:
1 Apfel
1 Apfelsine
1 Banane
1 Ananasscheibe
Mandarinen
Zucker
Zitronensaft
Cognac

**Zubereitung:**

Den vorbereiteten Hahn waschen, innen salzen, außen mit zerlassener Butter und Curry einreiben. Den vorher zubereiteten Obstsalat einfüllen und den Hahn zunähen. Den Hahn goldgelb backen und zum Schluss mit kaltem Salzwasser einreiben, nochmals kross werden lassen. Zwischendurch mit eigenem Fleischsaft begießen.
Backzeit: 1 Stunde bei 220 °C

# *Hähnchen im Römertopf*

**Zutaten:**
1 Hähnchen (ca. 1 kg) frisch oder gefroren
10 Schalottenzwiebeln
2 Stengel Sellerie
1 Möhre
125 g Champignons
1 TL Salz
1/2 TL Pfeffer
1 TL Thymian
1 TL Rosmarin
25 g Butter in dünnen Scheiben
1/8 l Rotwein
1/8 l Sahne

**Zubereitung:**

Römertopf eine Stunde vor Gebrauch in kaltes Wasser legen und ganz bedecken. Hähnchen ausnehmen, von innen und außen waschen, mit Küchenkrepp abtrocknen. Zwiebeln schälen, Sellerie putzen, waschen und in dünne Stücke schneiden. Möhren schälen und in Streifen schneiden. Champignons unter fließendem Wasser putzen und halbieren. Hähnchen innen und außen mit Gewürzen einreiben und mit der Butter und den Zwiebeln füllen. Gemüse in den Römertopf geben, evtl. etwas salzen und pfeffern. Hähnchen mit dem Rücken auf das Gemüse legen und mit Rotwein übergießen, Römertopf verschließen und in den kalten Backofen schieben.
Gericht bei 250 °C 1 – 1 ½ Std. garen. Die letzten Zehn Min. den Deckel abnehmen, damit das Hähnchen noch bräunt. Hähnchen aus dem Topf nehmen und tranchieren. Bratensud mit Sahne im Römertopf aufgießen und abschmecken.

# Paprika-Fisch „Scharfe Brise“

**Zutaten:**
4 Zwiebeln
250 g Tomaten
1 – 2 Paprikaschoten
Butter oder Öl
500 g Fischfilet
Tomatenmark

**Zubereitung:**

Die gewürfelten Zwiebeln, Tomatenviertel und entkernte, streifig geschnittene Paprikaschoten in Butter oder Öl dünsten und in eine feuerfeste Form geben. 500 g Fischfilet säubern, salzen und auf das halb gare Gemüse legen. Butterflöckchen und etwas Tomatenmark darauf verteilen und abgedeckt im heißen Ofen in 20 Min. garen. Dazu Kartoffelpüree servieren.

# Puszta-Topf

**Zubereitung:**

Das Öl im Topf erhitzen, Rindfleischwürfel von allen Seiten anbraten, Zwiebel- und Knoblauchwürfel und in Streifen geschnittene Paprikaschoten andünsten.
Den Tomatensaft zugießen und alles 30 Min. schmoren.
Dann den Reis und das Wasser zufügen und weitere 20 Min. garen. Den Puszta-Topf pikant abschmecken.

**Zutaten:**
2 EL Öl
500 g mageres Rindfleisch
4 Zwiebeln
2 Knoblauchzehen
2 Paprikaschoten
3 Tassen Tomatensaft
1 Tasse Wasser
1 Tasse Langkornreis
Salz
Paprika (edelsüß)
Chiligewürz
1 Spr. Tabasco

# *Römisches Filet*

**Zubereitung:**

Das Schweinefilet mit Salz und Butter einreiben, von allen Seiten anbraten. Rosmarin hinzufügen, im geschlossenen Topf im Backofen 25 Min. braten, hin und wieder mit Bratensaft begießen. Fleisch mit zweifingerdicken Einschnitten versehen, es soll jedoch noch zusammenhängend bleiben.
Gouda in Größe der Einschnitte große Scheiben schneiden, mit Senf bestreichen, in das Fleisch schieben. Im offenen Topf 10 Min. bräunen lassen. Weißwein, Sahne und Mehl mit dem Bratensaft aufkochen, kräftig durchkochen lassen, abschmecken und getrennt zum Filet reichen.

Beilagen: Reis und junge Erbsen

**Zutaten:**
1 gr. Schweinefilet
Salz, Butter
einige Blättchen
Rosmarin
150 g mittelalter Gouda
Senf
1/8 l Weißwein
1/8 l Sahne
1 TL Mehl

# *Russischer Hackfleischtopf*

**Zutaten:**
2 gr. Zwiebeln
1 EL Öl
1 EL Butter
500 g gehacktes
Rindfleisch
1 Stange Lauch
5 EL Tomatenpüree
¼ l Bouillon
1 EL Senf
1 TL Paprika
1 TL Salz
¼ l saure Sahne

**Zubereitung:**

Zwiebeln hacken, in Öl und Butter kurz in einem Brattopf dünsten. Hackfleisch in den Topf geben und mit einer großen Gabel rühren, bis das Fleisch leicht braun ist.
Lauch waschen, putzen, in Streifen schneiden.
Tomatenpüree, Bouillon, Senf, Paprika und Salz nach Geschmack zugeben.
Etwa 15 Min. bei schwacher Hitze dünsten, häufig umrühren.
Kurz vor dem Servieren mit saurer Sahne übergießen und dazu kräftiges Brot reichen.

# *Scholle in Weißwein*

**Zutaten:**
4 Fischfilets von
je 200 g
Saft einer Zitrone
Salz
1 Tasse Weißwein
1 Tasse Wasser
½ Bund Petersilie
1 Kästchen Kresse
1 TL Dillspitzen
Margarine
zum Einfetten
50 g Butter
1 Zwiebel
30 g Mehl
1 Eigelb
weißer Pfeffer
100 g Champignons
aus der Dose
2 EL Semmelbrösel
4 EL geriebener
Emmentaler
20 g Butter

**Für die Tomatensoße:**
1 EL Butter
1 EL Mehl
½ Knoblauchzehe
Salz
2 EL Tomatenmark
¼ l klare Fleischbrühe
Petersilie, Basilikum

1 Zitrone

**Zubereitung:**

Frische Fischfilets unter kaltem Wasser abspülen und mit einem trockenen Tuch abtupfen. Mit Zitronensaft beträufeln, 10 Min. ziehen lassen. Salzen. In einem Topf Weißwein, Wasser, gewaschene, gehackte Petersilie, gewaschene Kresse und Dillspitzen erhitzen. Filets darin 10 Min. zugedeckt dünsten. Mit dem Schaumlöffel aus dem Sud nehmen. Feuerfeste Form mit der Margarine einfetten. Filets reinlegen. Butter in einer Pfanne erhitzen. Geschälte, fein gehackte Zwiebel darin goldgelb werden lassen. Mehl einrühren. Mit dem Fischsud ablöschen. 7 Min. kochen lassen. Ei verquirlen, etwas von der Soße darin verrühren und wieder in die Soße mischen. Nicht mehr kochen. Mit Salz und Pfeffer abschmecken. Abgetropfte Champignons dazugeben. Alles über die Fischfilets verteilen. Darauf die Semmelbrösel und den geriebenen Emmentaler geben. Butterflöckchen darauf verteilen. In den vorgeheizten Ofen auf die mittlere Schiene schieben.
Backzeit: 10 Min. bei 180 °C.

Für die Soße die Butter im Topf erhitzen. Mehl unterrühren. Mit Salz zerdrückte Knoblauchzehe dazugeben. Tomatenmark zufügen. Fleischbrühe angießen. Wenn nötig, mit dem Schneebesen glatt rühren. 7 Min. leicht kochen lassen und abschmecken.
Fischfilets auf angewärmter Platte mit gewaschener, trocken getupfter Petersilie und in achtel geschnittener Zitrone anrichten. Nur wenig, aber heiße Tomatensoße darüber gießen und sofort servieren. Dazu grünen Salat und Reis reichen.

# Schweinefilet mit Majoran und geschmorten Äpfeln

**Zubereitung:**

*3 Portionen*

**Zutaten:**
500 g Äpfel
2 Zwiebeln
1 Schweinefilet (etwa 450 g)
2 EL Öl, Salz
2 TL frische Majoranblättchen
20 g Butter oder Margarine
frisch gemahlener Pfeffer
100 ml Weißwein (ersatzweise Apfelsaft)

Die Äpfel schälen, vierteln, entkernen und in Spalten schneiden. Abgezogene Zwiebeln halbieren und in Ringe schneiden. Schweinefilet in heißem Öl rundherum anbraten. Herausnehmen und salzen, dann mit der Hälfte des Majorans einreiben. Fett aus der Pfanne gießen. Butter oder Margarine zerlassen und die Zwiebeln darin glasig dünsten. Äpfel zugeben. Mit Salz, Pfeffer und Majoran würzen. Schweinefilet und Wein zugeben. In der geschlossenen Pfanne bei kleiner Hitze 15 Min. schmoren. Mit Majoran bestreuen.

Dazu Butterreis reichen.

# Schweinerouladen

**Zutaten:**
2 Schweineschnitzel
Salz, Pfeffer
1 EL Senf
2 hartgekochte Eier
2 Scheiben roher Schinken
2 kleine Gewürzgurken
1 EL Palmin
$^{1}/_{4}$ l Brühe
1 EL Stärkemehl
$^{1}/_{8}$ l saure Sahne

**Zubereitung:**

Die Schnitzel flach klopfen, mit Salz und Pfeffer bestreuen und mit Senf einreiben. Jedes Schnitzel mit 1 Ei, 1 Scheibe Schinken und 1 Gewürzgurke belegen. Das Fleisch aufrollen und mit einem Faden umwickeln. Palmin in einem Bratentopf erhitzen, Rouladen einlegen und rundherum bräunen. Mit der Brühe aufgießen und das Fleisch 30 Min. schmoren lassen. Rouladen aus dem Topf nehmen und warm stellen.
Stärkemehl mit Wasser verrühren, in den Bratensaft gießen und aufkochen. Die Soße mit saurer Sahne abschmecken, evtl. salzen und pfeffern.

# Tournedos Rossini

**Zutaten:**
4 Tournedos (aus Rinderfilet je 4 cm dick)
1 TL Senf
Öl zum Braten
Salz, Pfeffer
4 Toastscheiben
4 Sch. getrüffelte Gänseleberpastete

**Zubereitung:**

Tournedos leicht klopfen, zusammendrücken und mit einem Faden rund binden. Dünn mit Senf bestreichen. Von jeder Seite 2–3 min. braten, es soll innen rosa bleiben. Nach dem Braten Bindfaden entfernen. Mit Salz und Pfeffer würzen.
Toast auf einer Seite rösten und nach Größe der Tournedos rund schneiden. Auf die ungetoastete Seite der Scheiben das Fleisch setzen.
Die zuvor gut gekühlte, getrüffelte Gänseleberpastete in 4 gleichstarke Scheiben schneiden.
Die Tournedos auf vorgewärmten Tellern anrichten, mit der Sauce umgießen und mit je einer Scheibe Gänseleberpastete belegen.

**Mein Tipp:**

Vollendet wird das Gericht mit einer Madeirasoße.
Dazu Estragon in die Pfanne geben, den Bratsatz mit Madeirawein ablöschen und unter Rühren um die Hälfte einkochen. Den vom Fleisch abgelaufenen Saft dazugießen und unterrühren.

Tournedos Rossini bezeichnet eine klassische Garnitur beziehungsweise Zubereitungsart eines Steaks.
Die kleinen Rinderfiletschnitten werden hierbei einzeln nach Belieben gebraten, mit einer großzügigen Scheibe gebratener Gänsestopfleber belegt und mit schwarzen gehobelten Trüffeln bestreut. Tournedos Rossini ist nach Gioachino Rossini benannt.

# Adamsapfel

**Zubereitung:**

Die Äpfel schälen, das Kerngehäuse ausstechen, mit Zitrone beträufeln. Wasser mit Wein aufkochen, Zucker hineingeben, die Äpfel 10 Min. darin dünsten. Rausnehmen, abtropfen und abkühlen lassen. Mit Erdbeerkonfitüre füllen, mit Mandelspießen spicken und Grand Manier übergießen. Sahne mit Vanillinzucker steif schlagen, auf die Torteletts spritzen und die Äpfel daraufsetzen.

**Zutaten:**
4 schöne Äpfel
1/2 Zitrone
1/4 l Wasser
1/4 l Weißwein
2 EL Zucker
4 EL Erdbeerkonfitüre
50 g Mandelstifte
4 kl. Gläschen Grand Manier
1/8 l Sahne
1/2 Pck. Vanillinzucker
4 Torteletts

# Apfelbeignets

**Zutaten:**
4 Äpfel
125 g Mehl
1/8 l Bier
1 Eigelb
80 g Zucker
1 Pr. Salz
1 TL ÖL
1 Eiweiß
Öl zum Frittieren
Zucker und Zimt zum Bestreuen

**Zubereitung:**

Die Äpfel schälen und das Kerngehäuse ausstechen. In 1,5 cm dicke Ringe schneiden. Aus Mehl, Bier, Zucker, Salz, und Öl einen Teig rühren, der so flüssig wie ein Pfannkuchenteig sein soll. Das Eiweiß steif schlagen und unterheben. Öl im Frittiertopf auf 175 °C erhitzen. Äpfel in den Teig tauchen, ins heiße Fett geben und knapp 10 Min. darin frittieren. In Zucker und Zimt wenden.

Beilage: Vanillesoße

# *Biskuit-Omeletts*

**Zutaten:**
3 Eier
2 EL Zucker
1 Prise Salz
abgeriebene
Zitronenschale
1 EL Mehl
Butter zum Backen
Schlagsahne zum Füllen
Erdbeeren zum
Garnieren

**Zubereitung:**

Das Eiweiß zu steifem Schnee schlagen, 3 EL Zucker dazugeben und kurz unterschlagen. Die verquirlten Eigelb daruntermischen, eine Prise Salz und Zitronenschale dazugeben. Zuletzt das gesiebte Mehl leicht und locker unter den Schnee heben. Kleine Omeletts in heißer Butter auf einer Seite goldbraun backen (aus je 2 EL Teig).
Dann lässt man im gut vorgeheizten Ofen die obere Seite noch kurz stocken. Die Omeletts noch warm zusammenklappen. Nach dem Erkalten mit gesüßter Schlagsahne füllen und mit Erdbeeren oder anderen frischen Früchten garnieren.

# *Reis Trauttmansdorff*

**Zubereitung:**

Die Milch mit Salz, Zucker, Butter und Orangenschale im Topf aufkochen. Milchreis zugeben und umrühren. Bei geringer Hitze knapp 60 Min. quellen lassen.
Die Gelatine in Wasser einweichen, ausdrücken und im heißen Reis auflösen. Den Reis abkühlen lassen und nochmal 25 Min. in den Kühlschrank stellen. Sauerkirschen und gewürfelte Aprikosen mit Maraschino mischen. Sahne mit Zimt würzen und steif schlagen und beides unter den abgekühlten Reis heben.
Eine Puddingform kalt ausspülen und die Masse einfüllen. Zugedeckt 4 Stunden im Kühlschrank erstarren lassen und dann stürzen. Mit Mandeln (oder nur einer Mandel) garniert servieren.

**Zutaten:**
½ l Milch
1 Pr. Salz
6 EL Zucker
3 EL Butter
abgeriebene Schale
einer Orange
100 g Milchreis
4 Blatt weiße Gelatine
Je 200 g abgetropfte,
entsteinte Sauerkirschen und Aprikosen
aus der Dose
4 EL Maraschino-Likör
¼ l Sahne
1 Pr. Zimt
ganze Mandeln

# Flambierter Obstsalat

**Zubereitung:**

Die Orange schälen und in Spalten zerteilen. Den Apfel und die Birne schälen, vierteln, vom Kerngehäuse befreien und in Scheiben schneiden. Die Banane schälen und auch in Scheiben, die Ananas in kleine Stückchen schneiden. Alle Fruchtstücke mit den Kompottkirschen mischen.
Die Butter in einer Flambierpfanne zerlassen, den Zucker darin erhitzen und dabei kräftig rühren, bis der Zucker karamellisiert ist. Die abgeriebene Zitronenschale zugeben und die Mandelsplitter darin erwärmen. Zuerst den Zitronensaft, dann den Rum oder den Weinbrand über das Obst gießen und anzünden. Den Fruchtsaft, der sich inzwischen in der Pfanne angesammelt hat, mit einem Löffel über die Früchte schöpfen und die Flamme damit löschen.

Den Salat warm servieren. Kleingebäck und Schlagsahne passen ausgezeichnet dazu.

**Zutaten:**
1 Orange
1 Apfel
1 Birne
1 Banane
1 Scheibe Ananas
2 Pfirsichhälften aus der Dose
10 helle Kompottkirschen ohne Kern
1 EL Butter
3 gestr. EL Zucker
abgeriebene Schale von ¼ Zitrone
2 Schnapsgläschen Rum oder Weinbrand

**Mein Tipp:**

Der Rum oder Weinbrand muss sehr hochprozentig sein, sonst klappt das Flambieren nicht.

# *Grundrezept süßer Hefeteig*

**Zutaten:**
500 g Mehl
40 g Hefe
$^{1}/_{8}$ – $^{1}/_{4}$ l Milch
1 Ei
75 – 100 g Zucker
1 Pr. Salz
100 g weiches Fett
(Butter oder Margarine)

Für Blechkuchen wie Zucker-, Butter-, Streusel-, Mandelkuchen, Bienenstich, Hefeteig, -zopf, -ring, Obstkuchen, Hefekleingebäck wie Hörnchen, Schnecken und Dampfnudeln, Berliner Pfannkuchen usw.

**Zubereitung:**

$^{2}/_{3}$ des Mehles in die Rührschüssel geben.
Die mit lauwarmer Milch angerührte Hefe, die übrigen Zutaten und das weiche, in Stücke geschnittene Fett hinzufügen. Die Maschine kurz auf Stufe I, dann auf Stufe II schalten. Nach 2 Min. den Mehlrest nach Bedarf zugeben und den Teig in 2 – 3 Min. fertig kneten, bis er sich von Schüssel und Knetarm löst. Den Hefeteig abgedeckt gehen lassen.
(Evtl. mit etwas Milch, 1 Pr. Zucker und 1 EL Mehl einen Vorteig ansetzen.)

**Mein Tipp:**

Es ist wichtig, dass der Hefeteig abgedeckt an einem warmen Ort geht, bis er sein Volumen verdoppelt hat und porig aussieht. Dann den Teig nochmals gut durchkneten und nach Rezeptangabe weiterverarbeiten.

# *Äpfel im Schlafrock*

**Zutaten:**
1 Hefeteig nach Grundrezept

Füllung:
6–8 kleine Äpfel
Konfitüre oder Rosinen und gehackte Mandeln

**Zubereitung:**

Einen Hefeteig nach Grundrezept herstellen und sofort nach dem Kneten 1 cm dick ausrollen. Das Stück in 12 cm Quadrate einteilen und passend zur Größe der Äpfel ausradeln. In die Mitte der Vierecke je einen geschälten, entkernten und gefüllten Apfel setzen und die Ränder mit Eiweiß bestreichen. Die Vierecke hochziehen, die Ecken über dem Apfel zusammenfassen und die Seiten aneinander drücken. Man kann oben ein ausgestochenes rundes Teigstück als Abschluss aufkleben.
Ein Backblech einfetten oder mit Backpapier auslegen, die Äpfel aufsetzen und backen.

Bei 180–200 °C ca. 30 Min. backen.

# *Apfeltaschen*

Für die Apfeltaschen in das Viereck gesüßtes Apfelmus geben und eine Ecke überschlagen.

Bei 180–200 °C ca. 30 Min. backen.

**Mein Tipp:**

Das noch warme Gebäck mit einer Glasur aus Puderzucker, Zitronensaft oder Rum und Wasser bestreichen.

# *Hefekleingebäck*

**Zutaten:**
Füllung:
Marmelade

Zuckerglasur:
Puderzucker
etwas Zitronensaft
Wasser

**Zubereitung:**

½ Hefeteig nach Grundrezept herstellen und sofort nach dem Kneten schwach 1 cm dick ausrollen. Dann Hörnchen, Windräder, Kräpfchen usw. ausradeln und mit Marmelade füllen. Das gefüllte Kleingebäck auf dem gefetteten Blech gehen lassen und bei 180 °C 25 – 30 Min. backen. Mit Zuckerwasser bestreichen.

# *Schnecken aus Hefeteig*

**Zutaten:**
Füllung:
50 g Butter
50 g Zucker
75 g Rosinen
50 g gehackte Mandeln

Bestreichen:
75 g Butter

**Zubereitung:**

1 Rezept Hefeteig herstellen und gehen lassen. Den Teig auf einer bemehlten Arbeitsfläche zu einem Rechteck ausrollen, mit weicher Butter bestreichen und die übrigen Zutaten der Füllung gleichmäßig darauf verteilen. Den Teig zu einer großen Rolle formen und davon 1 cm dicke Scheiben abschneiden. Das Backblech einfetten oder mit Backpapier auslegen, die Teigscheiben auf dem Blech gehen lassen und in 20 – 25 Min. bei 200 ° – 220 °C abbacken. Noch warm mit weicher Butter bestreichen.

**Mein Tipp:**

Die Scheiben lassen sich besser schneiden, wenn das Messer in Mehl getaucht wird. Die Schnecken schmecken auch sehr gut mit einer Glasur aus Zitronenpuderzucker.

# *Drei Gebäcke aus einem Teig*

## *Biskuitteig für Buttercremeschnitten, Nusssahnetorte und Obstsalattorte*

**Zubereitung:**

Eier und Wasser in eine Schüssel geben und bei der höchsten Einstellung des Gerätes 1 Min. schlagen. Den mit Vanillinzucker gemischten Zucker in 1 Min. einstreuen und dann noch 2 Min. schlagen. Die Hälfte des mit Gustin und Backpulver gemischten Mehles auf die Eiercreme sieben und kurz auf der niedrigsten Stufe unterrühren. Den Rest des Mehls auf dieselbe Weise unterarbeiten.

**Zutaten:**
8 Eier
8 EL warmes Wasser
400 g Zucker
1 Pck. Vanillinzucker
250 g Mehl
250 g Gustin
1 ½ Pck. Backpulver

# Drei Gebäcke aus einem Teig

## Buttercremeschnitten

**Zutaten:**
½ l Milch
1 Pck.
Tortencremepulver
250 g Butter

**Zubereitung:**

Knapp die Hälfte des Teiges auf ein mit Pergamentpapier belegtes Backblech streichen (das Papier vor dem Teig zur Falte kniffen, sodass ein Rand entsteht) und sofort backen.
200 – 220 °C, 10 – 15 Min.
Den Biskuitboden nach dem Backen sofort auf ein mit Zucker bestreutes Papier stürzen, das Backpapier mit kaltem Wasser bestreichen und vorsichtig, aber schnell, abziehen. Den Biskuitboden erkalten lassen.
Mit Milch, Tortencremepulver und Butter zubereiten. Den Biskuit mit gut der Hälfte der Buttercreme bestreichen, in Hälften schneiden und mit der restlichen Buttercreme verzieren.

## *Nusssahnetorte*

**Zutaten:**
150 g gemahlene Haselnusskerne
½ l Sahne
25 g gesiebter Puderzucker
2 Pck. Sahnesteif
1 Pck. Vanillinzucker

**Zubereitung:**

Den restlichen Teig in eine mit Papier ausgelegte Springform füllen und sofort nach der Biskuitplatte backen. 175 – 200 °C, 25 – 30 Min. Den gut ausgekühlten Biskuitboden zweimal durchschneiden und die beiden unteren Lagen für die Nusstorte verwenden. Die gemahlenen Haselnusskerne in einem Topf rösten und erkalten lassen. Sahne mit gesiebtem Puderzucker, Sahnesteif und Vanillinzucker nach Vorschrift steif schlagen. ²/₃ der Schlagsahne in einen Spritzbeutel füllen, unter die restliche Schlagsahne die erkalteten Haselnusskerne (2 EL zurücklassen) rühren.
Die unterste Biskuitlage mit der Nusssahne bestreichen, mit der zweiten bedecken und Rand und obere Seite der Torte gleichmäßig mit etwas Sahne aus dem Spritzbeutel bestreichen. Den Rand der Torte mit den restlichen gemahlenen Haselnusskernen bestreuen. Mit etwa der Hälfte der Schlagsahne die Torte verzieren und sie mit ganzen Nusskernen garnieren.

# *Drei Gebäcke aus einem Teig*

## *Obstsalattorte*

**Zutaten:**
2 Äpfel
2 Apfelsinen
2 Bananen
einige entsteinte Kirschen
25 g Zucker
1 Pck. Vanillinzucker
1 Pck. Tortenguss rot
25 g Zucker
¼ l Wasser

**Zubereitung:**

Den übrig gebliebenen Biskuitboden auf eine Tortenplatte geben, den Ring der Springform darum geben und schließen. Den Biskuitboden mit einem Päckchen Sahnesteif bestreuen. Aus den Äpfeln, Apfelsinen, Bananen, Kirschen, Zucker und Vanillinzucker einen Obstsalat zubereiten und auf dem Tortenboden verteilen. Mit dem Tortenguss, dem Zucker und Wasser nach Vorschrift einen Guss zubereiten und über das Obst geben.

# *Orangenkuppel*

**Zubereitung:**

Zunächst die Eier mit dem Wasser und dann mit dem löffelweise zugegebenen Zucker und den Geschmackszutaten etwa 8 Min. schaumig schlagen, dann etwas Mehl nach und nach vorsichtig von Hand unterziehen.
Den Teig auf ein mit Backpapier ausgelegtes Backblech streichen und sofort im vorgeheizten Backofen abbacken (10 – 12 Minuten, 200° – 220° C).
Nach dem Backen die Platte sofort auf ein mit Zucker bestreutes Geschirrtuch stürzen und das Pergamentpapier abziehen.
Die fertige Platte dünn mit Marmelade bestreichen und aufrollen, dann in dünne Scheiben schneiden. Damit eine Porzellan- oder Glasschüssel dicht auslegen und einige zurückbehalten.

Für die Creme die Eigelbe mit dem Saft, dem Zucker und dem Abgeriebenen vermischen und im Wasserbad heiß schlagen. Dann die vorher eingeweichte Gelatine zugeben und rühren, bis sie aufgelöst ist. Die Mischung abkühlen lassen, kurz bevor die Masse erstarrt; die geschlagene Sahne und den Maraschino unterziehen. Die Creme mit in die mit den Biskuitscheiben ausgelegte Schüssel gießen, mit den restlichen Scheiben belegen und erstarren lassen. Dann auf eine Platte stürzen und mit etwas Schlagsahne garnieren.

**Zutaten:**
Biskuitrolle:
4 Eier
4 EL heißes Wasser
150 g Zucker
75 g Mehl
75 g Stärkemehl

Creme:
4 Eigelbe
Saft von 3 Orangen
120 g Zucker
1 EL Zitronensaft
Schale von einer ½ Zitrone
½ l ungesüßte Schlagsahne
8 Blatt weiße Gelatine
1 kl. Glas Maraschino

# *Mokkakranz*

**Zutaten:**
2 Eigelb
2 – 3 EL warmes Wasser
100 g Zucker
2 Eiweiß
1 Pck. Vanillinzucker
75 g Weizenmehl
50 g Gustin
Backpulver
Butter oder Margarine

**Füllung:**
½ l Sahne
50 g Zucker
2 Pck. Sahnesteif
2 gestr. TL Kaffee-Extrakt-Pulver
100 g Schokolade
Schokoladenplättchen
kandierte Kirschen

**Zubereitung:**

Die Eigelb mit warmem Wasser schlagen, dann den Zucker und Vanillinzucker einstreuen. Den steif geschlagenen Schnee daraufgeben, Mehl, Gustin und Backpulver mischen und unter die steif geschlagene Masse heben. Die Sahne ½ Min. schlagen. Zucker, Sahnesteif und Kaffee-Extrakt mischen, einstreuen und die Sahne steif schlagen. Den gut ausgekühlten Biskuit zweimal durchschneiden, mit Mokkasahne füllen und bestreichen (etwas zurücklassen!). Die Schokolade raspeln. Den Kranz damit bestreuen. Mit der zurückgelassenen Mokkasahne verzieren, mit Schokoladenplättchen oder Mokkabohnen garnieren.

# *Walnusstörtchen*

**Zubereitung:**

Das Eigelb mit Wasser in einer Schüssel schaumig rühren. Dabei langsam Zucker und Salz einrieseln lassen. Die gemahlenen Walnüsse unterziehen. Das Eiweiß steif schlagen und die Hälfte unter die Eigelbmasse heben, danach die Schokolade und dem restlichen Eischnee.
Ein Backblech mit Backpapier auslegen, mit Öl einfetten und den Teig darauf streichen.
Den Teig in ca. 15 Minuten bei 180 ° – 200 ° abbacken.
Aus dem ausgekühlten Boden runde Plätzchen von 6 cm Durchmesser ausstechen. Für die Füllung die Sahne mit dem Vanillinzucker steif schlagen und gemahlene Walnusskerne unterziehen. Die Walnusssahne auf die Hälfte der Plätzchen streichen und die übrigen Plätzchen darauflegen.
Für die Glasur Kokosfett in einem Topf schmelzen, etwas abkühlen lassen und in eine Schüssel gießen. Mit dem gesiebten Puderzucker, Kakao, Rum, Zitronensaft und Wasser glatt rühren und die Törtchen damit bestreichen. In den noch nicht ganz festen Guss einen Walnusskern drücken.

**Für den Teig:**
8 Eigelb
4 EL heißes Wasser
250 g Zucker
1 Pr. Salz
250 g gemahlene Walnusskerne
8 Eiweiß
100 g geriebene Schokolade
2 El Öl zum Einfetten

**Für die Füllung:**
¼ l Sahne
1 Pck. Vanillinzucker
50 g gemahlene Walnusskerne

**Für Glasur und Garnierung:**
10 g Kokosfett
200 g Puderzucker
30 g Kakao
2 Glas (je 2c) Rum 54 Vol-%
2 TL Zitronensaft
2 EL warmes Wasser
12 Walnusskerne

**Mein Tipp:**

Das Backpapier an der Vorderseite hoch falten, damit der Teig nicht vom Blech laufen kann. Nach dem Backen die Kuchenplatte auf ein Backbrett stürzen und das Backpapier mit kaltem Wasser einstreichen. So lässt es sich besser abziehen.

# Die Entwicklung des Hofes Gödeke

Seit Anfang der 50er-Jahre stand fest, dass ich als älteste Tochter den Hof meiner Eltern Heinrich und Hilde Gödeke, geb. Pieper, weiterführen sollte. Dabei ging es natürlich zunächst um die Landwirtschaft. Ich konnte mir allerdings kaum vorstellen, den ganzen Tag im Stall zu verbringen – daher hatte ich mir nach dem Besuch der Haushaltungsschule in Lemgo das Ziel gesetzt, Feriengäste zu betreuen. Auf die Idee brachten mich u. a. Kindheitserinnerungen vom Hof meiner Großmutter in Hiddesen, wo schon seit der Jahrhundertwende Feriengäste in dem schön gelegenen Luftkurort anzutreffen waren, sowie Kindheitserinnerungen an Aufenthalte im Staatsbad Pyrmont, in dem zwei Schwestern meiner Mutter mit ihren Familien lebten.

Die idyllische Lage Schwelentrups und auch hier die Begegnung mit den Sommerfrischlern unserer Feldnachbarn Wehfer festigten die Idee und führten dazu, zunächst die Kenntnisse der feinen Hotelküche im Haus Westfalen in Bad Pyrmont zu erlernen.

Nachdem ich die Lehre der ländlichen Hauswirtschaft mit den ersten Grundlagen der Direktvermarktung auf dem Wehmhof in Hedderhagen-Heiden absolviert hatte, fühlte ich mich gewappnet und voller Ideen, um die ersten Feriengäste auf dem Hof aufzunehmen. Wir fingen also ganz klein an, sodass wir in den ersten Jahren 10 Gäste im Haus unterbringen konnten. Für mich bot sich eine interessante Alternative zur beruflichen Tätigkeit einer Bäuerin. Außerdem konnte ich durch die Feriengäste Mittel erwirtschaften, die den dauerhaften Erhalt des landwirtschaftlichen Betriebes sicherten, denn das Bargeld bewegte sich durch die Gäste.

## ...zur Bauernhofpension „Forellenhof"

*Alte Gäste von der ehemaligen Pension Mühlenmeier, mit denen wir gut bekannt waren, wohnten als Evakuierte in Schwelentrup und gaben für uns die erste Anzeige in der Westdeutschen Allgemeinen Zeitung (WAZ) im Ruhrgebiet auf. Die Familien Bohlmeier und Kachelmeier, zu denen heute noch Kontakte bestehen, waren daraufhin die ersten jüngeren Gäste, die mit*

**Heinrich Gödeke mit den Hannoveraner Stuten Heidi und Nixe 1956**

*eigenem Auto aus Wattenscheid und Remscheid ihren Erholungsurlaub auf dem Forellenhof antraten. Die meisten älteren Gäste reisten mit der Bahn an und wurden von meinem Vater zweispännig mit dem Landauer oder von mir mit dem Auto vom Bahnhof Dörentrup oder vom Bahnhof Bösingfeld im Extertal abgeholt.*

*Ich hatte sehr früh Kontakt zur Verkehrsgemeinschaft Extertal, wo ich bis zur Gründung des Heimat- und Verkehrsvereins Schwelentrup Mitglied war. Die Verkehrsgemeinschaft hatte in den späten 50er-Jahren einen Vertrag mit den Touristik-Veranstaltern Hummel-Reisen/Scharnow-Reisen abgeschlossen, von dem auch wir profitierten. Die Gäste kamen über Hameln mit der Bahn bis Rinteln und fuhren dann mit der Extertalbahn weiter bis Bösingfeld.*

*Die Gäste kamen nicht nur im Forellenhof unter, sondern wurden als Schlafgäste auch bei anderen Schwelentruper Familien untergebracht, die ich um die Bereitstellung von Betten gebeten hatte.*

**Die Preise für Vollpension bewegten sich zwischen 6,50 DM und 7,50 DM für Erwachsene, je nach Jahreszeit, die auch schon damals als Vor- und Nachsaison bezeichnet wurde. Die „volle Verpflegung“ war selbstverständlich und das gute und reichhaltige Essen ein Markenzeichen.**

Wandern in klarer Luft macht Appetit und für gute Verpflegung sorgt die Wirtin des Forellenhofes.

Es wird verabreicht:

morgens: Bohnenkaffee, reichlich frische Milch, Brot, Weißbrot oder Brötchen, Butter, Fruchtgelee, Ei, Aufschnitt oder Käse.

mittags: Suppe, Fleischgang (zeitweise Geflügel) mit Kartoffeln und Gemüse, Nachtisch.

nachmittags: auf Wunsch.

abends: warme oder kalte Vorspeise, belegtes Brot, Aufschnitt, Kaffee, Milch, Tee oder Kakao. (Wurst und Schinken aus eigener Schlachtung, amtlich begutachtet und abgestempelt.-

Alle Arten Obst und Beeren je nach Reifezeit, sowie Gemüse aus eigenem Garten.

Der Preis für die volle Pension beträgt ab ............ bis ...... DM

Vor- und Nachsaison ...... DM

Kinder ...... DM

Wenn Sie es wünschen, hole ich Sie von der Bahnstation Dörentrup ab.

Zu weiterer Auskunft bin ich jederzeit gern bereit; ich freue mich auf Ihren Besuch.

Hochachtungsvoll

*Hilde Gödecke*

Schwelentrup in Lippe · Ruf: Farmbeck 206

**Die „gute Butter“ und „reichlich frische Milch“ sowie der „Bohnenkaffee“ (statt des durchaus noch üblichen „Muckefuck“, also Malzkaffee aus Gerstenmalz) wurden denn auch im ersten Hausprospekt beworben.**

*Sehr stolz war ich auf den ersten Hausprospekt, durch den wir schnell weiter bekannt wurden. Die Saison, die zunächst nur von Mitte Mai bis Mitte September dauerte, wurde weiter ausgedehnt.*

*In meiner Lehrzeit lernte ich meinen späteren Mann Rudolf Diekmeier, ebenfalls ehemaliger Lehrling des Wehmhofes, kennen und wir waren uns bald einig, gemeinsam den Fremdenverkehr weiter auszubauen.*

*In den Jahren bis zu unserer Heirat im Mai 1957 wurden die Teiche entschlammt. Aus diesen Teichen gründete sich auch der spätere Name „Forellenhof". Des Weiteren wurde der erste Teil des Bauerngartens mit einer großen Liegewiese und 3 Lauben aus Hainebuchen angelegt. Selbstgebackener Kuchen und Kaffee oder Tee wurden schon in den Garten serviert. Zur offiziellen Betriebsgründung „Pension Forellenhof" im Mai 1957 hatten wir die ersten Zimmer mit fließendem Wasser. Das Besondere zu der Zeit war das warme Wasser in den Gästezimmern. Die neue Wirtschaftsküche mit einem „Küppersbusch-Dauerbrandherd" versorgte die Gästezimmer mit diesem Luxus.*

*Da einige Gäste gern Reiten wollten, stellten wir ihnen unsere beiden leichteren Pferde, die auch noch*

**Forellenteich, 1970**

**Forellenteich, historisch**

**Ausritt mit Heidi und Nixe, 1958**

**Hilde Gödeke auf dem Erntewagen, 1956**

*als Arbeitspferde benutzt wurden, zur Verfügung. Jede Reitstunde brachte uns 2,50 DM ein.*

*Aber die Entwicklung zur „Bauernhofpension" war nicht nur durch die Mitbenutzung der Arbeitspferde, zu denen später reine Reitpferde, Kleinpferde und vor allem Ponys für die Kinder kamen, geprägt. Vor allem auch durch die Beteiligung bis hin zur wirklichen Hilfe der Feriengäste an vielen Arbeiten des Hofes fühlten sich die Urlauber mit einbezogen.*

*Ob Heu- und Strohernte, Kartoffeln aufsuchen mit Zwetschenkuchen und anschließendem Kartoffelfeuer, Pflücken von Erbsen, Beerenobst und Sauerkirschen – die Gäste hatten ihren Spaß.*

*Die Geselligkeit mit den Gästen wurde besonders großgeschrieben, nicht zuletzt entwickelten sich daraus jahrelange Freundschaften auch unter den Gästen. Bis in die 80er-Jahre hinein war es noch üblich, mehrmals im Jahr zu kommen und der Begriff „Stammgast" hatte eine wirkliche Bedeutung. Je größer und anonymer der Betrieb wurde, besonders mit den zusätzlichen Betten im Appartementhaus „Gästehaus am Park", desto mehr wurden Veranstaltungen für die Gäste und besonders die Kinder geplant, wie z. B. Ostereier malen, Reiterfrühstück auf der Deele, Lagerfeuer mit Stockbrot backen, Weihnachtsfeier und vieles mehr.*

# *Über die Autorin*

*Über den gesamten Lebensweg begleitet das Kochen die Jahrgang 1935 geborene aktive Autorin. Die Lehrzeit auf dem Wehmhof in Hedderhagen, das „Erlernen der feinen Hotelküche" im Bad Pyrmonter „Haus Westfalen" und die Landfrauenschule in Hameln bilden die Basis für das enorme Repertoire. Dieses Wissen konnte seit 1957 auf dem damals eröffneten Forellenhof schmackhaft vermittelt werden und sorgt noch heute für ein häufiges „Hmmmm, ist das lecker". Die zudem 1963 abgelegte Meisterprüfung ist Zeugnis der Qualifikation von Hilde Diekmeier. Bis 1987 hat sie den Betrieb auf dem Forellenhof aktiv mit ihrem Ehemann geführt, um sich 1996 in ruhigere Zeiten zu verabschieden. Parallel war sie in mehreren Ämtern wie dem Marketingausschuss der Arbeitsgemeinschaft „Komm aufs Land" oder als Vorsitzende des Verkehrsvereins Dörentrup tätig.*

**Hilde und Rudolf Diekmeier**

*Ihre Erfahrung konnte sie außerdem in all den Jahren an viele junge Frauen weitergeben, die nach ihrer Ausbildung auf dem Forellenhof heute oft selbst Betriebe führen und Auszubildende anleiten.*
*Auch für die Zukunft des Forellenhofs ist gesorgt: 1997 übernimmt der Sohn Dr. Rudolf Diekmeier den Hof und bewirtschaftet ihn heute komplett nach biologischen Kriterien. In aller Offenheit können die Gäste am Hofleben teilhaben, und für die Enkel- und Gästekinder sind jede Menge Tiere zum Reiten, Streicheln und Anfassen vorhanden. Prägten früher die Nutzung des Bauerngartens und der Streuobstwiesen die Geschehnisse des Forellenhofs, so liegt heute der Schwerpunkt auf der Damhirsch- und Galloway-Rinder-Zucht.*

## *„Wer Rotkohl richtig abschmecken kann, der kann kochen!"*

*Denn ein guter Rotkohl verbindet die Säure des Apfels, die Süße des Johannisbeergelees und die Kombination aus Nelken und Zimt.*

# *Rezepte*